児童・生徒の
心と体の危機管理

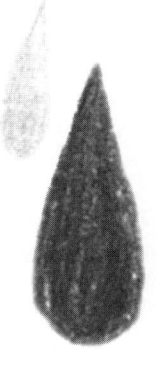

石川瞭子／吉村仁志

編著

青弓社

児童・生徒の心と体の危機管理　　目次

はじめに　　　　　　　　　　　　　　　　　　　　石川瞭子　7

第1章　学校の危機介入・初期対応を考える　　石川瞭子　9

1　学校の危機管理──事例1　9
2　児童・生徒の危機のシグナル──事例2　22
3　2次被害防止のための初期対応──事例3　24

第2章　体の危機管理　　吉村仁志　32

1　児童・生徒の体の異常の緊急度評価　32
2　心肺停止　35
3　上気道閉塞　40
4　気管支喘息　43
5　下痢　46
6　腹痛　50
7　吐血・下血　55
8　熱中症　56
9　外傷　59
10　熱傷　65
11　中毒・服毒・誤飲　65
12　外傷以外の四肢の痛み　67

13 心臓疾患 69

14 失神・けいれん・意識障害 72

15 頭痛 82

16 学校感染症 83

17 虐待 87

18 検診での異常 92

19 児童・生徒の喫煙 100

20 体内に医療器具を装着して在宅医療をおこなっている児童・生徒の管理 102

第3章　学校での心の危機介入・初期対応　石川瞭子 105

1 夜尿・遺尿・遺糞 106

2 強迫性障害・パニック障害・ヒステリー反応 109

3 心因反応・心身症・心気症 112

4 場面緘黙(選択性緘黙)・社交不安障害 115

5 チック・吃音・トゥレット障害 118

6 精神障害・精神病様症状・PTSD(心的外傷後ストレス障害) 121

7 抜毛症 124

8 リストカット・自殺未遂・摂食障害 127

9 アスペルガー障害・ADHD(注意欠陥／多動性障害)・学習障害(LD)・PDD(広汎性発達障害) 130

10 身体的虐待・ネグレクト・心理的虐待・性的虐待 133

11 校内暴力・少年犯罪・犯罪被害　136

第4章　忘れられない"出会いとつぶやき"　鈴木恵子　147

1　情緒不安定で、保健室と教室を行き来している：小学1年A男——事例1　148

2　親切な気持ちが「死ね」という言葉になって：小学6年B子——事例2　149

3　「あんたなんか、生まれてこなきゃよかった」：中学3年C子——事例3　151

4　見えにくく解決しにくい「実父からの性的虐待」：中学3年D子——事例4　152

5　大好きなU子に対し、執拗に異常な行動をする：小学6年E男——事例5　155

6　「お前らは、何もわかっていないくせに！」：中学3年F男——事例6　157

あとがき　吉村仁志　163

装丁——神田昇和

はじめに

石川瞭子

　危機はいつでもどこでも起こりうる。学校は安全を担保された特別な場ではない。本書は「児童・生徒の心と体の危機管理」と題して、心理学・精神保健学的な立場から石川瞭子が、学校医で小児科医の立場から吉村仁志が、合計95事例を用いて緊急時の対応を述べる。学校の安全神話が崩れて久しいが、児童・生徒の心身の危機介入・初期対応を総合的に述べた著書はほとんどない。また本書では、とくに危機後の不適切な言動を防止し、第2の危機を予防するための配慮について言及している。養護教諭だけでなく、児童・生徒に関わるすべての教職員および関係者が本書を役立て、危機を最小限に抑えてほしいと願っている。

　わが国では子育て環境の悪化が懸念されている。自然災害や環境汚染の問題が世界規模で進行し、機能不全の家族も増加している。子どもを取り巻く環境は子どもの育ち、子どもの成長にどのような影響を及ぼすのか。そして、子どもの育ちを連続するものと捉えたとき、それを支援していく環境をどう整えていく必要があるのか——その答えはみえない。将来のわが国を背負う子どもの安全・安心が脅かされている。

　2011年3月11日の東日本大震災以降、わが国では危機管理に対する社会的関心が高くなった。学校の現場でも、ひときわ重要な問題として取りざたされている。ちなみに「学校と危機管理」というキーワードでインターネット検索すると、約580万件がヒットした。それらは①災害時の危機対応、②登下校時の交通事故や傷害事件などへの危機対応、③校内の事故やいじめ事件などへの危機対応などに大別できる。時代を反映し、内容は多様だ。

　近年、危機管理は「リスクマネジメント」と呼ばれることが多くなり、「学校リスクマネジメント」という言葉も存在する。ちなみに学校リスクマネジメントとは、佐賀県・福富中学校のウェブサイトによれば「学校教育に関して起こり得る事故・トラブルの防止と、発生した場合その影響を最小限に抑え、本来の教育機能を回復し、健全な教育活動を取り戻すこと」[1]である。つまり、リスクマネジメントにはトラブルの未然防止と事件後のトラブル防

止が含まれているのだ。

　こうした背景には、保護者らによる学校への苦情ないし不当要求などが漸増し、学校が機能不全に陥ることも稀ではなくなったという事情がある。2010年1月29日、全国紙の家庭面で大きく報じられた「モンスターペアレント」の言葉は、まだ記憶に新しいことだろう。実際に学校現場で、「クレーマー」の存在は多くの教師の悩みの種である。教師に逃げ場はない。責任を追及され、外部への告発や訴訟となれば、その精神的負荷は計り知れない。[2]

　本書は学校で発生するさまざまな危機とそこから生じる機能不全について、心（心理・精神的側面）と体（身体的側面）の両面での危機介入・初期対応を、実際に起きた事例を参照しながらわかりやすく説明した。繰り返すが、危機は学校でも起こりうる。問題は危機の後の学校側の不適切な言動である。その不適切な言動を回避できれば、被害の拡大を防ぎ、第2の危機を防止することができる。しっかりとした危機介入・初期対応によって、児童・生徒の安全を守るとともに、学校が学校であるために、そして子どものための学校であるために、いま教師ができることを考えたいと思う。

　本書の構成は、まず第1章で石川が本書出版のきっかけになった3つの事例から、学校の危機介入・初期対応について述べる。次に第2章で、吉村が学校現場でみられる身体上の危機の概括をし、20のエピソードと60事例によって危機介入・初期対応のあり方を紹介する。第3章では石川が心理・精神的な危機を概括し、11エピソードと35の事例を用いて、危機介入・初期対応の方法を紹介する。そして、第4章に元養護教諭である鈴木恵子のつぶやきをのせる。まずは事例から話を進めよう。

注
（1）佐賀県福富中学校「福富中学校における危機管理（児童・生徒・教職員に係る事件・事故災害等）への対応について　平成20年度版」福富中学校、2008年
（2）2010年1月29日付「朝日新聞」、2010年2月18日付「読売新聞」など。同様の内容は2007年7月12日付「毎日新聞」でも取り上げられていた。いずれの内容もクレーマーが学校教育をゆがめてしまう可能性がある点を危惧している。

第1章 学校の危機介入・初期対応を考える

石川瞭子

1 学校の危機管理——事例1

普通の子の普通の生活のなかでそれは起きた

　こんな事件があった。小学4年の女子が校内で首吊りをした。同級生が発見し、担任が駆けつけて蘇生し、救急車で搬送され一命をとりとめた。両親は意識が戻らないその子を前に泣きくずれ、母親は「登校する前に口論したことが原因かもしれない」と言った。「それが原因か」と同席していた担任と教頭は思い、そして頷いた。だが、すかさず父親が「口論はいつものことだ、それよりも学校の安全管理に問題があったのではないか」と言った。担任と教頭は「そんなことはない」と反論した。

　実はその前日、校庭で地域の行事が開催され、行事で使用したロープの一部が撤去されていなかった。そのロープで女子は首を吊ったのだ。その時点で教頭と担任は情報を把握していなかった。

　その後、電話でロープ未撤去の経緯について情報が入ったのだが、教頭は「ロープを放置したのは行事の主催者の責任で、学校の責任ではない」と述べ、さらに担任は「登校する前に母親と口論したことがきっかけではないか」と言った。校長は公務で外出していて、連絡がとれなかった。そのようなやりとりのなかで、次第に父親は激高し「裁判で訴えてやる」と怒声をあげた。

　その後、幸いにも女子は意識を取り戻した。そして、「なんで?」「どうして?」と何度も問いつめる母親に、女子は「わかんないよ」と答えた。病院

のベッドに寝ている理由が女子には理解できない様子だった。その子の首には腫れ上がった真っ赤な擦り傷ができていた。女子はその傷に触れながら「痛い」と言い、「これじゃ学校に行けないよ、いつまでに治るの？」と医師に聞いた。女子は動転しているようだった。

　母親は父親に「冷静になって」と何度も懇願していた。しかし父親は全く聞く耳をもたず、教頭らと口論を続けた。女子は10日後に退院し、1ヵ月後に学校に復帰した。多くはこの時点でそれなりに収拾がつくものだが、父親は校長・教頭・担任を相手に裁判を起こした。そして3ヵ月後に父親は突然退職したが、その理由は訴訟に専念するためだった。母親は父親に対して無力感を抱き、睡眠障害に陥った。

　一方、校長はうつ病に、教頭は心因性の難聴に、担任は配置転換になった。女子を発見した数人の同級生はPTSD（心的外傷後ストレス障害）への対応が必要だった。女子は紫色の首の擦傷痕を気にもせず登校を続けていたが、同級生と以前のような関係に戻れず、次第に教室で孤立するようになっていった。

　女子の一家は社宅住まいだったので、父親の退職に伴って引っ越さなくてはならなかった。父親は他区にマンションを見つけ、転校の手続きをおこなった。転居する前に、女子は「学校も担任も同級生も好きだった、離れたくない」と泣いた。母親は精神安定薬を必要とする生活になっていた。

学校という場で起きる普通でない事態

　この事件を振り返ってみよう。事件前は女子も両親も、また校長も教頭も担任も、ごく普通の地域の生活者だった。学校も特別に問題がない、普通の地域の学校だったし、地域も普通のベッドタウンだった。普通でなかったのは女子がたまたま目にしたロープを首に巻き付けてしまった「行為」だけだった。女子は言った。「べつに死にたかったわけではない」と。女子の心も普通だった。

　しかし女子の「行為」は両親・校長・教頭・担任・同級生に多大な影響を与えた。女子は約3ヵ月後に不登校になり、約6ヵ月後に転校を余儀なくされた。母親は精神安定薬なしに生活できなくなっていた。筆者は入院直後に精神科医から呼ばれて、一部始終に接し、母子に約7ヵ月間面接をおこなっ

た。一方、父親は「女性に相談する気はない」と来所しなかった。転居後の女子とその家族の動静はわからないし、母子からの連絡もない。確かなことは、最大の被害者はなんといってもその女子であることだ。

危機は予測できたか

　学校は安全を担保された特別な地帯ではない。「いつ何が起こってもおかしくない場である」という認識が教職員には必要だ。この女子の場合、学校は前日に地域の行事で校庭を貸し出していた。そうであれば、教職員が一巡し、危険物が残存していないか確認する必要があった。子どもの心と体の安全管理という観点から、学校では非常事態への配慮が常に必要だ。つまり危機は予測できたし、学校は危機を予防しなくてはならなかった。

　危機を予防できなかった主な背景として、①危機管理の認識が不十分だった、②危機における管理体制の構築が不十分だった、③第２の危機の予防対策がなされていなかった、の３点を挙げることができる。危機意識が高い教職員がいれば、ロープは撤去されて事件は起こらなかっただろう。危機管理体制が構築されていれば、即刻校長が呼び戻され適切な対応がなされていたかもしれない。さらに第２の危機の防止対策として研修や訓練がなされていれば、不用意な発言から口論になり、父親が校長・教頭・担任を告発することはなかったかもしれない。

　第１の危機は女子の首吊りである。問題は第１の危機をめぐっての父親と学校とのトラブルであり、それは地域全体に影響を及ぼす第２の危機へと拡大した。だが第２の危機は、第１の危機への対応によって回避できる可能性がある。つまり危機は予測可能で防止できるのだ。

反応は予測できないか

　危機は、特殊な人が特殊な場、特殊な状況下に置かれたときに起きるものではない。多くの危機は、普通の人の普通の生活の場、普通の状況下で発生している。女子の例でいえば、女子も学校という場も朝礼の後の解散という状況も、ごく普通の日常生活の範囲内のものだった。普通でなかったのは女子の首吊りという「行為」だったが、のちに女子は「べつに死にたかったわけではない」と述べている。だが父親は予想外の激しい反応をみせた。

父親の激しい怒りの背景には、さまざまなものがあるようだ。ひとりっ子で父親っ子であるわが子を喪うかもしれないという驚愕、女子の首に残る痛々しい傷痕への悲嘆、そして学校責任者からの謝罪がなく、逆に「家庭に原因があるのでは」と担任に言われたことで、父親としての効能感を否定されたような感じで、事件を未然に防げなかった無能感などが相まって怒りが込み上げてきたものと思われた。この怒りは女子が登校を始めた後も、毎日校長らに謝罪を求める電話攻勢として現れた。電話は昼夜を問わず執拗にかかってきた。当然、校長らも日常業務に支障をきたし、学校は崩壊寸前の危機に晒された。一方、父親も仕事が手につかず、業務に支障がでて退職を余儀なくされる事態に陥った。女子一家も崩壊の危機に直面していた。

　反応は多くの場合予測できない。確かに、この父親でなければこうした反応は生じなかった可能性も否定できない。しかし反応は相互的な問題だ。教頭も担任も、学校の危機管理の認識が不十分だったことを父親から指摘されて狼狽した。だから逆に教頭は謝罪せず、担任は登校時の母親との口論に原因があると反論したのだ。さらに校長と連絡がつかなかったため2人は焦り、問題を棚上げし、激高した父親の反応に配慮することができなかった。おそらく、校長も教頭も担任もここまでこじれることは予測しなかっただろう。

危機時の判断力を培う

　「危機理論・危機介入」研究の先駆者である小島操子は、看護の危機場面について以下のように言及している。「看護師は施設内・外どこで働いていても、またいつでも危機的状況にある患者・家族に遭遇するので、危機的状況に敏感に反応し、速やかに関われるよう感性を磨き、こころを配り、知的・技術的に準備を十分に整えておくことが重要だろう。そして必要なときは、速やかに適切な専門家に委ねられるよう、経験を大切に積み重ね、判断力を高めておくことが大切である[1]」

　看護と教育とでは状況がさまざまに異なるが、尊い命を預かっているという意味では同等だ。だが学校では教育活動が優先され、尊い命を預かっているという認識は二の次になっている感がある。学校が常時、危機的状況を予知し、敏感に反応し、知的・技術的に万全の状態を維持するのはなかなか困難だ。しかも通常1人の教諭が30～40人の活発に動き回る児童・生徒に目

を配らなくてはならないという条件もある。だがどのような条件下であっても、危機的状況に注意を怠ってもいいという理由にはならない。

　小島はジェラルド・キャプランの危機の定義をあげ、「危機とは、不安の強度な状態で、喪失に対する脅威、あるいは喪失という困難に直面してそれに対処するには自分のレパートリー（知識や経験の蓄え）が不十分で、そのストレスを処理するのにすぐに使える方法を持っていないときに体験する[2]」ものだと述べている。

　また、エリク・H・エリクソンの発達的危機と状況的危機を紹介し、「危機は必然的で予測可能な発達的危機と偶発的・突発的な状況的危機に区別されるが、両者は密接な関連を持っていることが多い[3]」としている。つまり、多くの学校の危機は必然的で予測可能であって、そこに偶発的・突発的な状況が加わり危機が発生するのだ。

　だとすれば、危機に対処する知識や経験を十分に蓄え、ストレスに直面したときにすぐに使える対処方法をもっていることで、学校の危機は軽減ないし回避することができる。女子の例では危機介入・初期対応が適切であれば、ここまでこじれることはなかった。まずは危機時に適切な言動をとるための判断力を培うことが大切だ。

文科省「危機管理マニュアル」

　学校の危機的状況に関して、文部科学省は2008年1月に「学校の危機管理マニュアル――子どもを犯罪から守るために[4]」を作成した。またそれ以前の02年には「学校への不審者侵入時の危機管理マニュアル[5]」を作成し、全国の教育委員会や学校に配布している。08年のマニュアルは、学校や通学路で子どもが被害者となる事件が発生し続けていること、そして先のマニュアル作成から5年が経過しているために改訂されたものだ。

　改訂のポイントは、①各学校が地域の実情に応じた危機管理マニュアルを作成する際の参考資料として「学校独自の危機管理マニュアルの作成について」を追加、②地域のボランティアなどとの連携の観点から記述内容を追加、③登下校時の緊急事態が発生した場合などの学校の対応についてチェックポイントを定めて解説、④心肺蘇生方法の紹介の充実など、である。内容は文部科学省のウェブサイトからダウンロードできる。

この動きを受けて2010年に改訂された三重県教育委員会の「学校管理下における危機管理マニュアル——対象別危機管理の要点」は100ページに及ぶ大作で、事象（事例の凡例）別に、①事故原因と対応についての分析、②事故発生に備えた学校体制の確立、③その他の配慮、④関係法令を詳述している。保護者や地域住民からの苦情などについても、①相談・苦情（電話など）を受ける際の留意点、②相談者・生徒への初期対応、③関係職員での情報共有と④対応の協議、⑤事後措置、⑥予防措置、⑦関係法令と充実した内容だ。
　また、埼玉県の総合教育センターが2009年に作成した「学校における緊急支援体制の確立——心理的ケアの観点から」は、児童生徒の生命に関わる事件・事故などが発生した場合、事件発生後1時間、24時間、72時間の対応がその後の展開を決めるとして、児童・生徒の心の回復・安定と2次的被害（PTSD）の防止について詳述し、スクールカウンセラーら専門家による素早い対応を求める必要があるとしている。
　上記以外の自治体でも学校危機対応のマニュアル作成を熱心に進めている。2011年3月11日の東日本大震災の後は、災害危機についても同様の関心が広がっていて、これは周知のとおりである。

学校リスクマネジメント

　一方、電子媒体や印刷媒体でも近年、「学校リスクマネジメント」の観点から対策を呼びかける動きが生じている。「はじめに」で取り上げた全国紙の記事などにも象徴されているが、保護者からのクレーム対応やマスメディアへの対処を教授する動きも活発である。保護者やメディアからのクレームをリスク（危機）と捉え、それをどのように未然に防止するかを指導する、すなわち経営管理の観点から学校運営の提案をおこなっている著書もある。
　学校をめぐる社会の期待・要求は増大し、とどまるところを知らないかのようだ。これも「はじめに」で取り上げたが、福富中学校が策定した「福富中学校における危機管理（児童・生徒・教職員に係る事件・事故災害等）への対応について」（2008年作成）で注目すべきは、「事故や問題に直面した場合、どのように対処するかをすべての職員が認識し、自己の職責に応じて速やかに対応することが大切である」としている点である。さらに危機管理（リス

クマネジメント）として15分ルールを定め、15分以内に対処すべき内容と方法を一覧にしている。

「リスクマネジメント」という用語は用いていないが、2011年7月の「学校の危機対応と心のケアの手引き──専門職と協働しながら、教職員はどう動くべきか（教職員用）」は、教職員や教育委員会が精神保健専門職の協力を得て衝撃度の高い学校危機にどう対応すべきか、その留意点を簡潔に述べている。とくに自殺などの事案では、教育委員会が最初の3日間は複数の職員を派遣して、助言だけでなく学校の手が回らない部分をサポートし、最悪の事態を想定したうえで、多少オーバーな程度の態勢で臨む必要性を説いている。学校現場が直面する危機を熟知しており、筆者も共感する内容だ。いま、この領域は拡充しつつある。

話を元に戻そう。ここで先述の女子の事件を詳しく検証し、どうすれば第2の危機である女子一家と学校の崩壊を防ぐことができたかを考えてみたい。まず家族の視点から考える。

家族の危機という視点

小島は「家族危機とは家族が圧倒されるような喪失あるいは出来事に出合った場合、パニックに陥り、家族システムが働かなくなり、家族のもつ能力を失ってしまう状況である」と述べている。そして「家族の基盤が維持できず、家族内の習慣的な役割や仕事が実行されず、家族の相互理解や思いやり、コミュニケーションやリーダーシップの機能が低下し、家族メンバーが適切な状態で機能できなくなる状況をいう」としている。

事例を時系列で振り返ろう。はじまりは女子の首吊りだった。それは家族に強いストレスを与え、意識が戻らない女子を目前に喪失の危機による驚愕を体験した。とくに父親は強い衝撃を受け、悲嘆し憤慨した。父親であれば当然の反応だが、幸いにも女子は意識を回復した。それなのになぜ、父親は退職してまで学校側への怒りをもち続けたのか。

母親からの情報では、もともと父親は怒りを爆発させやすい性格だったという。父親は女子にはひどく甘く、ひとりっ子でもあるので、目のなかに入れても痛くないほどかわいがっていた。ときとして、母親が娘の主張に反対するようなことがあれば、母親に手を上げることもあったという。それほど

かわいがっていた子どもを喪失する不安に平静でいられるわけがない。父親が動転するのは自然だし、理解できる。

しかし退職してまで裁判に打ち込むのは理解できない。退職すれば生活基盤を失うことになり、家族は危機に陥るし、家庭での父親のリーダーシップも発揮できなくなる。さらに学校に執拗に電話して謝罪を求める抗議行動にでれば、女子も学校と気まずくなるのは明らかである。それに気づかぬ父親ではない。であれば、なぜ父親はそれほど怒ったのか。

キャプランの理論にあてはめると、この衝撃場面で父親は"怒る"ことしかできなかったのではないか。怒ることしかレパートリー（知識や経験などの蓄え）をもたない自分に対しても"怒っていた"のではないか。つまり父親こそが危機にあり、救助を最も必要としていたのではないか。その後の父親はあたかも怒りのジェットコースターに乗って一直線に破滅に向かって突き進んでしまったかのようだった。

二重ABC-Xモデル

この事例に対して、小島が紹介しているヒル・パターソン・マッカバンの二重ABC-Xモデルで理解を試みよう[12]。この論理はABC-X公式と呼ばれ、家族の適応過程をジェットコースターになぞらえている。母親からの情報を整理すると図1のようになる。二重ABC-Xモデルでは、(a)は家族のストレス源で女子が該当する。女子(a)は思春期に入り反抗的でもあり、専業主婦の母親は言うことを聞かない女子(a)にストレスを感じていた。

父親と女子の関係はよかったが、それは父親に絶対服従をしているかぎりにおいてであり、父親も次第に女子の扱いに苦難を感じていた。母親と父親との関係は、母親が逆らわないという前提だけで成立していた。父親は強いリーダーシップをもち、家族の経済的安定に寄与する社会資源(b)だったが同時に強いストレス源でもあった。母親は父親が帰宅すると家庭に緊張が走ると述べている。気難しい父親だった。女子(a)の反抗などに対する父親の認知は「母親のしつけが悪い」であった。「父親の言うことを聞け」という旧来からの解決法をとっていて、それに母親は限界を感じていた。

そこに女子の首吊り事件(x)が発生した。女子(a)の反応は「わかんないよ」であり、父親の反応は「学校の危機管理に問題があった」だった。

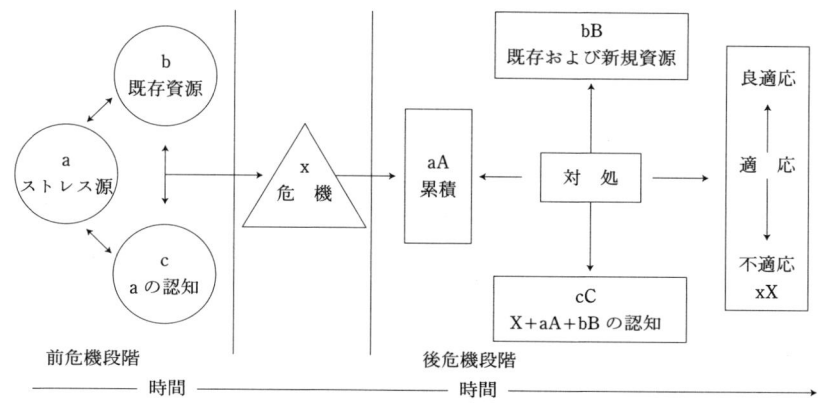

図1　二重 ABC-X モデル
(出典：McCubin HI, Patterson JM, *Systematic Assessment of Family Stress, Resources,and Coping*, University of Minnesota, 1981, p.9.)

一方、母親は女子の心と自分の対応が原因かもしれないと捉えていた。そうした母子の様子をみていた父親に、教頭・担任（c）と校長の不在への怒りの反応（bB）が出て、家族のストレス源（a）が学校の危機管理上の問題（cC）へと移動したと捉えられる。

のちに女子一家は転居し転校した。父親は退職して訴訟に専念し、家族を顧みなくなった。母親は精神安定薬を服用するようになった。校長はうつ病に、教頭は心因性難聴に、担任は配置転換になった。この時点で家庭も学校もその機能を崩壊させた（xX）。

第1の危機（女子の首吊り）は予防できなかったとしても、第2の危機（父親の破壊行動）は未然に防ぐことができたのではないかと筆者はいま反省している。父親は頑なに相談室への来所をいやがり、ひたすら学校に抗議の電話をかけ続けていたが、職場内でも不適応を起こしていた。かりに、何らかの方法で筆者らが職場内外のメンタルヘルスの専門家と協働することができれば、父親の破壊行為という第2の危機は防げたかもしれない。

A市・養護教諭のアンケート

事件当日、養護教諭は数人の不登校の児童・生徒の面倒をみていた。スク

ールカウンセラーは不登校の前兆を呈した児童・生徒と面接していた。もし、女子が搬送された病院に両者がいたら第2の危機は防げたかもしれない、と当時筆者は思った。

ちなみに、筆者は2011年12月に開かれたA市の小・中学校養護教諭の自主勉強会の参加者25人にアンケート調査をおこなった。参加者から了承を得たので、ここでその内容を紹介したい。質問は19項目あり、保健室の相談業務の全般的な傾向を聞く内容だった。児童生徒への危機介入／初期対応の最前線として保健室の担う役割は大きい。とくに児童虐待などの問題発見（危機介入）と問題解決（初期対応）の足掛かりの場として期待されている。他にもリストカットなどの新しい問題、熱中症や運動時の突然の死亡事故など、児童生徒のさまざまな心身の危機の対応拠点として保健室が担う役割は多彩である。

今回の調査に参加した養護教諭は小学校13人（59.9％）、中学校9人（40.9％）であり、年齢構成は40歳代と50歳代を合わせると60％になった。小学校は40歳代が中核で、中学校は50歳代が中核で、勤務態勢をみると80％以上が1人勤務だった（質問1－3）。

質問4の「養護教諭が1日に対応する子と保護者等の人数」では、半数以上が1日10人以上の児童生徒と保護者に接し、そのうち約40％が15人以上と対応していた。

相談内容が変化した

質問5の「この3年の業務内容の変化」に関しては、「大変に変化した」「変化した」を合わせると77％になる。質問6で「変化した問題」（複数回答可）をみると、多くは「心の問題」と「関係性の問題」の変化を感じていた。「心の問題の変化」を聞く質問7（複数回答可）では、①「うつ等の精神障害」9人（40.9％）、②「自傷行為」7人（31.8％）、③「集団不適応等の発達の問題」21人（95.4％）、④「暴力等の行為障害」7人（31.8％）で、近年話題になっている集団不適応・発達の問題は90％を超えた。

質問8の「体の問題の変化」（複数回答可）では「心身症」15人（68.2％）、「気分不良による体調不良」17人（77.2％）で、身体の問題で保健室を利用する児童・生徒のほとんどで、心の問題との重複が感じられる（図2）。

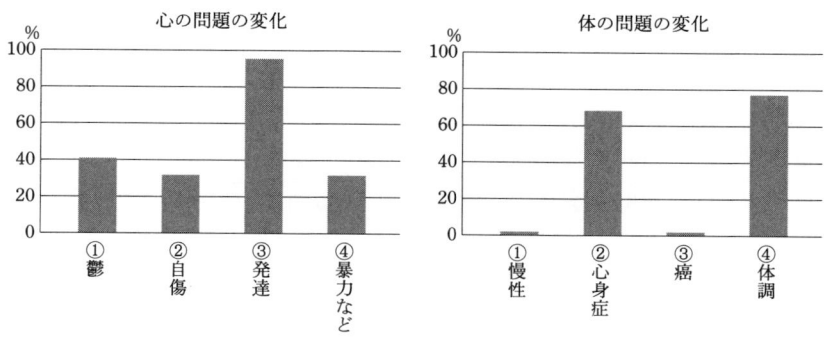

図2　A市小・中学校養護教諭が扱う問題の変化（2011年）

　質問9の「関係性の問題の変化」（複数回答可）では、①「いじめ・いじめられ」10人（45.4％）、②「孤立」12人（54.5％）、③「教師との関係性」7人（31.8％）、④「迷惑行為・校則を守れない等」5人（22.7％）だった。自由記述欄に「自分の心を正直に見せない」「周囲に合わせている感じがある」と記した中学校の教諭がいた。

　質問10の「家族との関係性の変化」（複数回答可）では、①「母子密着・父親不在」8人（36.4％）、②「父母子密着過保護」2人（9％）、③「家族崩壊・放任」16人（72.7％）、④「祖父母と両親関係」3人（13.6％）で、家族崩壊と放任の問題が70％と高い数値を示した。自由記述欄に「家族の一人ひとりが孤立している感じ」と記した中学校の教諭がいた。

新しい困難事例も

　質問11の「リストカットをしている子と接したことがありますか」では、中学校をみると①「ない」0人、②「1～5人」4人（44.4％）、③「5～10人」2人（22.2％）、④「10人以上」3人（33.3％）で、全員が「あり」と回答し、そのうち半分以上の教諭がリストカットをしている複数の生徒と接している（図3）。

　質問12の「摂食障害の子との接触がありますか」では中学校に限定すると①「ない」1人（11.1％）、②「1～5人」8人（88.8％）だった。質問13の「自殺企図や希死念慮の子との接触がありますか」では中学校に限れば①

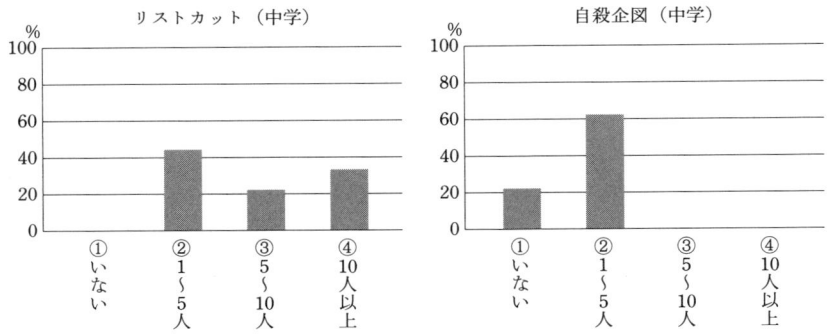

図3　A市中学校の養護教諭の過去3年間の実績（リストカットと自殺企図）

「ない」3人（33.3％）、②「1～5人」6人（66.6％）だった。中学校が摂食障害・自殺企図などの新たな困難事例に直面しつつあることがわかる（図3）。

　質問14の「不登校の子に接したことがありますか」では、小学校は①「1～5人」5人（41.6％）、②「5～10人」6人（50％）で無回答が1人いた。中学校では①3人（30％）、②3人（30％）、③1人（10％）、④3人（30％）だった。中学校は小学校に比べて、不登校の生徒と接している割合が高い。

　質問15の「保健室登校をしている児童生徒がいますか」では、小学校は①「いない」8人（66.6％）②「1～5人」4人（33.3％）、③「5～10人」0人、④「10人以上」0人で、中学では①4人（40％）、②5人（50％）、③1人（10％）だった。中学校では60％に保健室登校があり、複数の生徒が利用していることになる。

虐待問題の早期発見の最前線

　質問16の「被虐待の児童生徒と接したことがありますか」では、①「ない」3人（13.6％）、②「1人～5人」16人（72.7％）、③「5人～10人」2人（9.0％）、④「10人以上」1人（4.5％）となっているが、中学校の養護教諭に限れば①「ない」はゼロで、全員が「被虐待児童との接触がある」と回答している。質問17の「虐待の種類と人数を記してください」をみると、

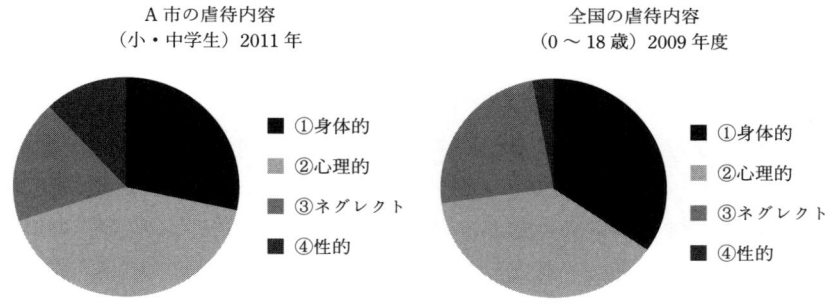

図4　A市と全国の虐待内容の比較

小学校では①「身体的虐待」12人（46.1％）、②「心理的虐待」4人（15.4％）、③「ネグレクト」7人（26.9％）、④「性的虐待」3人（11.5％）があると回答し、中学校では①「身体的虐待」11人（26.1％）、②「心理的虐待」9人（21.4％）、③「ネグレクト」15人（35.7％）、④「性的虐待」7人（16.6％）となっている。

　質問18の「困ったとき校内の誰に相談しますか」（複数回答可）の回答は、①「校長等管理職」21人（95.5％）、②「担任」17人（77.3％）、③「スクールカウンセラー」13人（59.6％）、④「他の養護教諭」9人（40.1％）だった。多くの教諭は管理職および複数の関係者に相談していた。

　質問19の「校外ではどこに相談しますか」（複数回答可）では、①児童相談所9人（47.4％）、②教育委員会や教育相談所3人（15.8％）、③他校の養護教諭14人（73.7％）、④養護教諭勉強会3人（15.8％）であり、自由記述欄に「病院と市の社会福祉課」「相談せず」と記した教諭がそれぞれ1人いた。

　今回の調査で、とくに筆者が注目した点は虐待の種類と人数である。毎年児童相談所所長会が虐待被害者数を発表している。そのなかで一般的に最も低い数値を示しているのは性的虐待だが、本調査では小学校で4人（15.4％）、中学校で7人（16.6％）が性的虐待を受けている（図4）。

　筆者は虐待を研究して10年になるが、本調査の数値が実態に見合ったものと受け止めている。A市の養護教諭は虐待問題への関心が高く知識も広いし、虐待の早期発見と初期対処に関しても並々ならぬ関心をもって研究して

いる。こうした取り組みが児童生徒の発するシグナルをいち早く発見する力になっていることを実感した。

2　児童・生徒の危機のシグナル──事例2

心と体の危機が交差する学校という場

　話は変わるが、養護教諭で思い出すのは野球少年のことだ。ある夕方、B市の養護教諭が担任を伴い、少年を連れて筆者の相談室を訪れた。少年が不登校症候群(13)で、授業中にたびたび保健室に来てベッドで休みたがるという。担任は「怠けている」と言い、養護教諭は「少年は健康体で理解に苦しむ」と言った。確かに日焼けした少年は健康そうにみえたが、その左目はやや斜視だった。少年は「頭が痛い」と訴えた。

　そこで、少年と保護者を呼んで面接することにした。だが、両親は自営業で都合がつかず、少年だけが面接に来た。そうこうするうちに、少年の斜視の度が進んだ。歩いていると姿勢が傾くようになった。すぐ母親に来てもらったところ、母親は少年が階段を怖いと泣いて学校に行きたがらないという。視野が狭まっているようだった。

　その結果、母子はすぐに大学病院へ行った。大学病院では小児科から脳外科に回され、脳外科の医師はフィルムを見せながら「脳腫瘍です。頭痛を訴えていたはずですが、なぜもっと早く検査をしなかったのですか」と母親に聞いた。緊急手術がおこなわれ、腫瘍の大半は取り除かれたが、一部は取り除けなかった。術後、野球少年の顔は表情を失い、しばらくして少年は亡くなった。筆者は「学校は心の危機と体の危機が交差する場であるという認識が必要だ」と、この経験から学んだ。悔やまれてならない。

　筆者にとって忘れられない重い課題は他にもいくつかある。たとえば、児童生徒を襲う突然の小児癌では、その初期に大半が気分不快から登校をいやがり、体調不良を訴える。いわゆる不登校の初期症状と似ている。保護者も学校も、これを心の問題として考えてしまう。

　病気の早期発見も学校の危機介入・危機管理の一部だと知るのは、重大な結果を突き付けられたときだ。他にも食物アレルギー、喘息の発作、運動時

の急死など、場を選ばずに危機は突然襲ってくる。

　吉村は「病院と違って学校現場ではまさに事が起こる瞬間に直面し、限られたツールで即応しなければならない。救急車や保護者に連絡するタイミングなど判断が難しいことも多い。しかし一つだけいえることは、より深刻に考えて対処することだ。実際はそれが軽傷であった場合でも許される行動で、その後にきちんと評価し関係者に報告することが大切だ」と述べている（本書第2章）。

　野球少年の件でも担任と養護教諭は「不登校かな？」と思いながらも、どこかで「何か変だ」と感じて筆者のもとを訪れた。残念ながら野球少年は亡くなったが、「何か変だ」を放置せず、他機関へ助けを求めて行動することで防げる危機もある。今後は養護教諭だけでなく、全教職員が「何か変だ」をキャッチできるように感性を磨く必要がある。なぜなら多様な危機が学校で発生しているからだ。

児童・生徒の危機のシグナル

　少し古い記事だが、2000年12月22日付の「読売新聞」全国版に「危ないサイン気づかぬ大人　少年事件分析調査」と題し、警察庁が「少年事件の全庁調査」をおこなった結果が掲載された。前書きには「動機の不可解な少年犯罪でも、子どもたちがシグナルを出している。いじめられて孤独な世界に落ち込んだり、ナイフで自分の弱さをごまかしたり、親や学校は、そんな少年たちの前兆に気づいていなかった」とあり、記事では弁護士や専門家は「周囲が、子どもの心に踏み込んでいかなければ、本当の前兆はつかめない」と指摘している。調査の対象になった事件は1998年の黒磯女性教師殺傷事件から2000年の西鉄バス乗っ取り事件までの12件で、いずれも家庭や学校で危機のシグナルを出していた。[14]

　直近の事件では、2011年12月に16歳の男子が女子中学生と女児にナイフで傷害を負わせたとして逮捕されたが、この男子は高校に動物の死骸を持参し同級生に見せていた。[15] そのような行動は男子の必死のSOSで、この男子は学校が気づいて犯行を止めてほしかったのだ。だが高校は動物虐待を知りながら適切な介入をおこなっていなかった。1997年に発生した女児連続殺害事件のときも15歳の男子は動物虐待をおこない、周囲に救助信号を発し

ていた。その教訓が今回の事件で活かされていない点が残念だ。

　児童・生徒の多くは、事前に学校で危機のシグナルを出している。本章で取り上げた女子の場合、担任は「様子に変化はなかった」と述べている。確かに、そういう場合もある。しかし、野球少年は体の不調を訴えてたびたび保健室を訪れていたし、好きな野球の練習にも参加しなくなっていた。

　シグナルの多くは、学校現場では「困ったこと」として教諭たちに受け止められる場合が多い。「困ったこと」とは「通常でない」という状態だ。そのようなときこそ、何かのシグナルではないかと学校は認識する必要がある。野球少年のケースでは、保護者から苦情は寄せられていないが、トラブルになる可能性も皆無ではなかった。

3　2次被害防止のための初期対応──事例3

第2・第3の危機への連動

　もうひとつ思い出すのは、ある中学校の出来事だ。ある学級で担任は健康状態が悪化したため入院していた。担任は丁寧な指導で生徒に人気だった。その担任が退院したので、生徒たちはそのお祝いに行事を計画した。「春の太陽を浴びながら行事をすれば担任も元気になる」と生徒たちは考えた。ところが、行事の途中で生徒の1人が死亡する事件が起きた。

　担任は保護者宅に駆けつけて謝った。自分のせいで生徒が亡くなったと謝った。葬儀には生徒全員が出席して泣いた。担任は葬儀会場の床にひれ伏し泣いて謝った。3ヵ月後、担任はうつ病になり入院した。そして10年間、入退院を繰り返した後に自殺した。

　事件当時、両親は前出の女子の両親と同様、驚愕し混乱し悲嘆したが、担任を怒らなかった。突然に尊い命を奪われても、ただ悲嘆し、涙を流すだけだった。どこがどう違うのだろうか。女子の例よりも深刻な結果なのに、なぜ両親は担任を告発したり攻撃したりしなかったのか。両親の人格の影響なのか、それとも担任の振る舞いが関係したのだろうか。

　おそらく、担任が一人ですべての責任を引き受け、時をおかずに詫びたことが大きく影響したのではないだろうか。通夜では畳に、葬儀会場では床に

額をこすりつけて担任は詫びた。担任は多くの言葉を発していない。「すまない、自分のせいで」を繰り返していた。両親は「うちの子にも落ち度があったはず」と答えていた。

　第2の危機は、第1の危機をめぐる関係者たちの相互的な関係から発する場合が多い。上の事例は女子の事例とは展開が全く異なり、事件直後の危機は発生していない。だが、10年後の担任の自殺という第2の危機を形成した。学校は、教職員の心の健康管理も危機管理の一つであることを10年後に知ることになった。つまり事件は危機の始まりであって終わりではなく、その後の危機と連動する可能性を常に秘めている。

2次被害——不適切な対応

　2次被害という言葉に筆者が出合ったのはいまから15年以上前のことで、性犯罪被害者が、支援者の発する言動で再度被害を受けることをいう。[17] 国連犯罪防止会議では2次被害を「当初受けた被害（1次被害）」に対して「制度や刑事施設や人々の反応を介して被害者にあらわれる被害」と定義している。つまり犯罪による被害に加えて、捜査や裁判の過程で精神的な負担や時間的な負担を感じ、周囲や報道機関から不利益・不快な取り扱いを受けるなど、さまざまなダメージを受けることを2次被害と呼ぶ。[18]

　学校も公的機関として、事件の対応の報告義務や評価のための記録をとる必要がある。だが、事件当時は学校関係者も冷静ではいられない。また逆に冷静すぎて事務的になると、そのこと自体が2次被害の原因になる可能性もある。事件が発生した場合、担当者はICレコーダーを持っていくことを勧めたい。記録したことを可視化すると、双方が冷静になることがある。またのちに「言った・言わない」でトラブルになるのを防げる。

　2次被害と第2の危機は密接な関連をもっている。2次被害は1次被害への支援者側の反応によって発生する被害であり、ときとして1次被害よりも甚大な結果をもたらす。つまり、第2の危機は2次被害によって引き起こされるということだ。逆に、2次被害を防止すれば第2の危機が防止できるし、第3以降の危機も防止できる。

　第2の危機を防止するには、①事件の責任を問う言動、②事件を軽微なことと決めつける言動、③不適切な激励をしてはならない。たとえば本章の女

表1　2次被害を防止するための配慮

注意すべき言葉がけ（2次被害を防止するために）
問題や責任の所在をめぐって ・まさかありえない、それ本当のこと？（事実の否認） ・どうしてそうなるの？　家族に何かあったのでは？（問題探し） ・なんで？　あなたにも原因があったのでは？（原因探し） ・そうなるのがわかっていたでしょう、だから言ったじゃないの（責任探し） ・被害妄想じゃないの？　気のせいじゃないの？（問題回避） ・それは問題ない、問題は問題だと決めつけること（問題否認）
事件を軽微なことと決めつける ・事件はなかったこととして、忘れなさいよ ・そのくらいのことで負けちゃだめよ ・すんだこと、言っても仕方がないじゃないの ・命があったのだからよかったではないの　死ぬ人もいるのに ・これも運命なのよ、やり直すしかないのよ ・逃げたらだめ、しっかりして、大丈夫だから ・すぐ立ち直れる、すぐ解決する
不適切な激励 ・私だったら耐えられない、あなたは強い ・もっと酷い目に遭っている人もいるのだし、まだマシと思いなさいよ ・みんな苦しみながら生きているのよ、あなただけでない ・過去は過去、将来はきっといいこともあるわよ ・頑張りなさいよ、負けちゃダメ ・今回は人生の勉強だと思って乗り切るのよ

子の事例では、担任が「母親との口論がきっかけでは」と事件の原因に触れる発言をした直後に父親が怒りをあらわにしている。父親は2回目のダメージに憤慨し、そして第2の危機が発生した。

一方、母親は女子に「なんで？」「どうして？」と聞いている。女子は「わかんないよ」と答えたが、その直後に動揺した仕草を見せている。事件が起きたとき、関係者は原因を突き止めて対策を練る必要がある。だから「なんで？」「どうして？」と聞きたくなる。だが、女子が説明できるのであれば、そもそもこの事件は起きなかった。わからないから事件は起きたのだ。原因の一端を示唆された女子は、2回目のダメージを受けた可能性がある。2次被害は家族も加害者という可能性がある。表1は2次被害を防止するための配慮である。

2次被害を防ぐためには非難、命令、忠告、批判、同情、憐れみ、気休め、価値の押し付け、詮索、憶測での発言、からかう、話題を避けるなどをしてはならない。

適切な対応——「誰のせいでもない」と明言する

　事件の原因は複合的なもので単一ではない。必然と偶然が複雑に重なり合って事件は起きる。第2の危機を防ぐためにできることは、「事件が起きたことは残念だ、だが誰のせいでもない」と時をおかずに明言することだ。最初に挙げた女子の場合も自殺した担任の場合も、もし校長がそのように明言し、関係者の自責の念を早期に払拭できていれば、第2の危機の発生を免れた可能性がある。これはなかなか難しいが、全く不可能ではない。

　どんなに頑張っても、相手の立場にはなれないし、似たような経験をしていても、その人の経験とは異なる。だから目の前にいる相手がいま何を経験し、どのような感情を味わっているかを知ることはできない。可能なことは、相手が発する言葉を真剣な態度で傾聴し、様子から相手の経験を想像することくらいだ。だから、相手の言葉や態度を否定せず、理由を問わず、原因を追及せず、価値を付与せず、審判せず、言葉をしっかりと聞き、感情を受け止めなければならない。そして、「やってほしいことがあれば最善を尽くして努力する」と伝える。

　多くの場合、現実は言葉をなくす。現実が想像を超えた場合、表現する言葉を人はもたない。それは教職員も同じだ。ただ黙って現実を受け入れることしかできない。そうした場合、無理して言葉を探そうとしても適切な言葉にはならない。むしろ黙っている方がいいときもある。真剣な態度が言葉よりも力をもつことも多いのだ。表2は適切な対応の一例である。児童・生徒と保護者では言い方を変える必要がある。

　悲惨な状況に接すると、人は「いたたまれない」を経験する。「いたたまれない」とは「いまそこにいることができない」という意味で逃げ出したいということだ。しかし危機にある人は藁にもすがりたい気持ちを経験しているので、場を離れる人や不在の人にいい感情をもたない。校長の不在を父親は激怒し誠意がないと責めたが、これは危機の場合、その場に「いる」ことがいかに肝心かを物語っている。

表2　適切な対応の例

適切な対応	その前に「事件が起きたことは残念だ、だが誰のせいでもない」と言う
①児童・生徒と保護者の状況がわからないとき	どうしたの？　どうしたのですか？
②児童・生徒と保護者の状況がわかり始めたとき	そうか…、そうでしたか…、
③児童・生徒と保護者がダメージを受けているとき	大変でしたね。つらかったですね…
④児童・生徒と保護者がパニックになっているとき	どうしていいかわからないのですね
⑤感情の嘔露を我慢しているとき	我慢しなくてもいいのです
⑥頼みごと・要求を出されたとき	最善を尽くすよう努力します
⑦自分が悪いと責めているとき	あなたが悪いのではありません
⑧立ち直ろうと努力しているとき	よく頑張ってこられました
⑨だめな自分を責めているとき	自分を責めないでください
⑩意見を求められたとき	自分も混乱していて意見は言えません

まとめ——学校における危機介入と初期対応

　ここまで学校での心と体への危機介入・初期対応について述べてきた。そのなかで女子の首吊り事件を例に危機は予測できた可能性があるが、反応は予測できなかったと述べた。反応は、危機場面に居合わせた関係者の相互的な関係性から発するものであり、多様な要素が絡み合っているために、その予測が困難なのだ。

　次に小島らの「危機理論・危機介入」研究などを紹介し、学校の危機の多くは必然的で予測可能であり、そこに偶発的・突発的な状況が加わって危機状態が発生するとして、二重ABC-Xモデルを用いて女子の事例を振り返った。そして、その振り返りの過程から、事件後の2次被害が第2の危機を発生させていることに言及した。つまり、事件後の関係者の反応である2次被害を予防すれば、第2の危機を未然に防止できる可能性があるのだ。

　そして、A市の養護教諭25人のアンケートの分析から、現代の小・中学校が抱える問題を概観し、厳しい体制のなかで新旧織り交ぜた多様な問題を養護教諭が扱い、学校の危機防止の最前線として頑張っている状況を報告した。児童・生徒が発する危機のシグナルをいち早く発見し適切に対応する拠点として、保健室が果たす役割は大きい。

　しかし現状では多様な危機が学校という場で発生していて、シグナルのすべてをキャッチするには養護教諭だけでは不十分である。そこで、教職員全

員が危機の未然防止に対する感性を磨き、事件発生直後に適切な対応をする必要があると述べた。さらに、教員が自殺した事例から、教職員のメンタルヘルスも学校の危機管理の重要な一環であると述べた。

最後に、①事件は結果ではなく危機の始まりにすぎない、②危機は事件の扱い次第では第2・第3・第4と連続する可能性を秘めている、③危機の連動を食い止めるには事件発生直後の言葉や態度による2次被害を発生させないことが重要だと述べた。

第2の危機を防止するためには、①事件の責任を問う言動、②事件を軽微なことと決めつける言動、③不適切な激励をしないことが重要であり、それらを具体的な例で説明した。加えて、2次被害を出さないために適切な言葉を時系列で列挙した。

これらのことを最初に記し、次章以下では事例別の危機介入と初期対応を取り上げていく。まずは学校医であり小児科医師として地域に信頼が厚い吉村の報告である。

注

(1) 小島操子『看護における危機理論・危機介入——フィンク／コーン／アグィレラ／ムース／家族の危機モデルから学ぶ』(改訂2版)、金芳堂、2008年、iv—vページ
(2) キャプラン「危機の定義」(G.Caplan, 1964)、同書6ページ
(3) エリクソン「発達的危機と状況的危機」(Erikson, E.H. 1959)、同書13ページ
(4) 文部科学省「学校の危機管理マニュアル——子どもを犯罪から守るために」(http://www.mext.go.jp/b-menu/houdou/17/12/05120900.htm)、2008年
(5) 文部科学省「学校の危機管理マニュアル——子どもを犯罪から守るために」、2002年
(6) 三重県教育委員会事務局教育総務室情報・危機管理グループ「学校管理下における危機管理マニュアル」(平成22年4月改定版)
(7) 埼玉県立総合教育センター指導相談担当「学校における緊急支援体制の確立——心的ケアの観点から」(「平成20年度研究報告書」第322号)、埼玉県立総合教育センター指導相談担当、2009年
(8) 宮下賢路「教職員のためのクレーム・リスクマネージメントの最新技術——精神的負担・訴訟・学部への告発を激減させる秘訣」学校リスクマネージメン

ト推進機構、2005年。他にも大泉光一『学校でつくる危機管理のマニフェスト——善人論で子どもを地獄に落とさないために』(明治図書出版、2006年) などがある。
(9) 福富中学校「学校から町教育委への窓口や対応課の一覧」「全職員必携」福富中学校、2008年
(10) 全国CRT標準化委員会「学校の危機対応と心のケアの手引き (2011) ——専門職と協働しながら、教職員はどう動くべきか」(http://www.h7.dion.ne.jp/~crt/tebiki/gakkounokikitaiou.pdf)
(11) 「家族危機モデル」、前掲『看護における危機理論・危機介入』85ページ
(12) 「二重ABC-Xモデル」同書86—87ページ
(13) 「不登校症候群」は病名ではないが登校時に過敏性大腸炎・頭痛・吐き気・イライラなどの症状を呈することを総称している。学校現場で用いられることが多い。
(14) 「危ないサイン　気づかぬ大人　少年事件分析調査」警察庁2000年12月21日発表、「読売新聞」2000年12月22日付家庭面
(15) 通信高校2年男子 (16歳) による女児・中学生通り魔事件。「読売新聞」2011年12月6日付、「朝日新聞」2011年12月7日付
(16) 1997年5月24日神戸連続児童殺傷事件、いわゆる「酒鬼薔薇」事件。
(17) 『性暴力被害者支援のためのガイドブック』ではヴィクティム・ブレイミング (victim blaming) として被害者に責めを負わせる働きかけに注意するように述べている。フェミニストセラピィ研究会編『ワーキングウィズウーマン——性暴力被害者支援のためのガイドブック』フェミニストセラピィ研究会、1999年、42—51ページ、警察庁性犯罪捜査研究会編著『性犯罪被害者対応ハンドブック——性犯罪被害の発生・届出—その時のために』(立花書房、2001年) のQ3「捜査活動の事情聴取における第二次被害の例」で2次被害を定義している。
(18) 2次被害 (secondary victimization) について、詳しくは九州管区警察局「二次被害の防止・軽減」(http://www.kyushu.npa.go.jp/higaisya/nijihigai.htm)。

参考文献

Melissa Allenh Heath／Dawn Sheen『学校での危機介入——すべての職員が支援者となるために』安東末廣監訳、ナカニシヤ出版、2007年
山本捷子／坂本洋子編著『子どもの心とからだの危機対応ガイドブック——これだけは知っておきたい最新看護知識：担任必携！必ず役立つ!!』明治図書出版、

2005年

松本美代子／田中早苗編著『学校事故対策マニュアル――Q&A法的対応から危機管理・安全対策まで』明石書店、2005年

＊なお、A市養護教諭の勉強会の参加者からアンケート公開に関するご了解をいただいたことに感謝申し上げたい。

第2章 体の危機管理

吉村 仁志

　本章では「体の危機管理」について予防的側面を重視し、20のトピックの下、約60の事例について、問題解決のアプローチ、参考になる背景情報、その事例に関連する参考文献の順に書き進めた。情報の氾濫に圧倒される現況をふまえ、できるだけ枝葉をそぎ落とし、問題解決のコアになる部分や見落としがちになる部分に焦点を絞るよう努めた。

1　児童・生徒の体の異常の緊急度評価

> 　10歳の男児が体育の授業中に突然腹痛を訴え、教諭と他の生徒に抱えられて保健室を訪れた。目を閉じてぐったりとし、四肢に力が入らない。呼吸は速く喘いでいる。顔面蒼白で四肢にまだら模様が出ている。何から始めますか？

　最初に緊急度評価の項をもってきたのは、学校現場の先生たちにとって最もストレスがかかるのが学童・生徒の重症度判定と対応であり、それを必要かつ十分に系統的に判断してほしいと思ったからだ。以下のように評価していけば、迅速かつ的確に評価でき、重症化を予防することができる。

①まず、一目見て2、3秒でおこなう印象診断である。確認のポイントは3つ、つまり「見た目」「呼吸がきつそうか」、そして「皮膚色」だ。「見た

目」では開眼していて目線は合うのか、会話できるのか、筋緊張（立ったり歩いたりできるのか）、を確認する。「呼吸がきつそうか」ではプライバシーに配慮しなければならないが、必ず衣服を部分的にでもはずして直接胸を見て、息をしているのか、しているのなら息を吸ったり吐いたりするときに雑音は聞こえるか、息の仕方に左右差はないのか、肩で息をしたり、呼吸のたびに喉元がへこんだり肋骨が浮き出たりしないか、「おなかがぺこぺこしていないか（シーソー呼吸）」「横になると呼吸が苦しいか（起座呼吸）」を確認する。さらに「見た目」と「皮膚色」では、「顔色や手足が蒼白や紫色（チアノーゼ）でないか」「手足にまだら模様はないか」を確認する。この時点での判断は、上記3つとも問題がなければ「よい」、1つでも問題あれば「悪い」、意識のない子が呼吸しておらず動きがないか、不規則なあえぎで呼吸が止まりそうなら「要心肺蘇生」となる。「よい」場合は話を聞き、状況把握のための情報を集める。「悪い」場合はまず「助けを呼ぶ」、つまり必ず手の空いた同僚を呼び、必要なら救急車を要請しなければならない。そうしながら「本人の楽な体位をとらせる」ことが大事だ。楽な体位は多くの場合、仰臥位だが、横になれないほど呼吸がきついときはそのまま坐位を保ち、意識がなくていびきが強いときは側臥位をとらせる。「要蘇生」はまず「助けを呼んで」から、1次救命措置（Basic Life Support、後述）を開始する。

②次におこなうことは迅速な呼吸・循環・脳機能の評価である。ABCDEと覚える。すなわち、A（Airway：気道の開通の度合い）、B（Breathing：呼吸数と呼吸音）、C（Circulation：循環すなわち手足の温かさ、脈の触れ具合、脈拍数、血圧）、D（Disability：意識レベルと瞳孔の状態）、E（Exposure：体温、外傷、紫斑、出血）である。

　まず気道は開通しているか（いびきをかいている場合は舌根沈下、息を吸うときに雑音がある場合は声帯周辺の気道が狭窄していることを表す）を確かめ、呼吸数を測定しながら（小学生から高校生までで1分間に30回以上は速すぎ、10回未満は遅すぎる）、聴診器で呼吸音が聞こえるか、その左右差はどうか、心音は聞こえるか、などをチェックする。血圧を測定しながら（小学生から高校生まで80mmHg未満は低血圧）、検者の手の甲で本人の手足に触れてみて、「冷たくないか」「脈が手首の外側（橈骨動脈）で触れるか」「弱くないか」「速すぎないか」（1分間に180回以上）、「遅すぎないか」（1分間に60回未満）

を確認する。

　次に意識レベルを再確認する。「起きていてはっきり受け答えできるのか」「声かけに反応するレベルか」「つねってみて痛み刺激に反応するレベルなのか」「全く刺激に反応しないのか」の4つに分けて評価する。はっきり受け答えできる場合以外は、瞳孔を観察して「左右同じ大きさかどうか」、また「ペンライトで対光反射があるか」のチェックも重要である。さらに体温を測定しながら、外傷（傷、変形、出血）、青あざ（紫斑）、皮疹を確認する。出血が続いていればどんな場合でも清潔なガーゼを数枚用いてすぐに圧迫止血しなければならない。この段階で呼吸数、血圧、脈拍数、体温といったバイタルサインの数値は必ず記録する。

　③①と②の評価と対応をおこないながら、状況が許すかぎり、迅速な問診をおこなって記録をとる必要がある。これはSAMPLEと覚えよう。すなわち、S（Symptom：現在の症状の再確認）、A（Allergy：事前の資料や他の生徒・同僚教諭・保護者などからアレルギーの有無を確認）、M（Medication：てんかん、気管支喘息、糖尿病、先天性心疾患、慢性腎炎、血液・腫瘍性疾患などで普段から常用している薬はあるか）、P（Past History：入院や手術歴などの既往歴）、L（Last Meal：最後に飲食をしたのはいつか。病院で手術になるときなどに重要）、E（Event：いつ・どこで・何をしているときに・何が・どのようにして起こったのか。とくに時間の経過は大事）である。

　この事例は、一瞬で「悪い」と判断し、周囲に助けを求めて救急車を要請し、同時にABCDEの評価を進める必要がある。顔面蒼白、四肢にまだら模様も出ていて意識レベルも悪そうなので、おそらく組織に酸素が行き渡っていない状態、いわゆる「ショック」と予想される。もしいびきをかいていれば、頭部後屈・下顎挙上（下顎に指をかけ、上方に引き上げる）をして気道を開通させ、血圧が低ければ、仰臥位で下肢全体をシーツや掛布などを使って挙上する。

※病院と違って、学校現場ではまさに事が起こるその瞬間に直面し、それに限られたツールで対応しなければならないので大変である。救急車を呼ぶタイミング、保護者に連絡するタイミング、医療機関につなぐタイミングなど、

難しいことも多いのが現状だろう。迷った場合にはより深刻な方に考えて行動する。実際は考えていたよりも軽症であっても、つまりいい方向に間違ってもかまわない。1人で対応せず助けを求めること、繰り返し観察・評価して対応すること、迷っていてもいったん決断したら一貫した態度で行動すること、事後に同僚などと事例の対応を振り返ること、これらを積み重ねることが、現場での評価と対応の質を向上させるうえで重要である。

参考文献

Barbara Aehlert「第2章 患者評価」『日本版PALSスタディガイド——小児二次救命処置の基礎と実践』宮坂勝之訳、エルゼビア・ジャパン、2008年、20—59ページ
　原本の著者は看護師で、わかりやすく書かれている。訳者はこれに日本の現状を加味しながら、かみくだいた解説を加えている。50ページ以降の、発症からいつまでに医療的ケアを開始するかの部分はとくに役立つ。

宮坂勝之／清水直樹『小児救急医療でのトリアージ——P-CTAS: カナダ小児救急トリアージ・緊急度評価スケールを学ぶ』克誠堂出版、2006年、23—41、59—66ページ、「トリアージ緊急度スケール—分類定義」中のトリアージレベル区分け早見表。小児における重症度の評価をレベルに分けて、レベル別の対応を述べている。病院救急室での対応の解説書だが、学校現場でも同様に使える。

2　心肺停止

> 高校で陸上部の17歳女子がリレーの練習中に突然倒れたのが目撃された。急いで駆けつけ、「大丈夫？」と声をかけても反応はない。呼吸も体動もなく、全身チアノーゼである。どう処置しますか？

以下が適切な処置のステップとなる。
①周囲の安全を確認し、耳元で呼びかけ、反応を確認。「大丈夫？」と呼びかける。

②反応がなければ、大声で助けを呼ぶ。
③助けが来れば、119番通報とAED（Automated External Defibrillator：自動体外式除細動器）を持ってきてもらうように頼む。
④呼吸しているか、胸部・腹部の動きと体動を10秒以内でよく視て確認。
⑤動きがなければただちに胸骨圧迫（心臓マッサージ）を開始する。
―両手を組み、手首の屈側で、
―胸の真ん中を、
―強く（胸の厚みの3分の1がへこむように）、
―速く（少なくとも1分間に100回）、
―1回1回胸のへこみを元に戻すようにして、
―30回中断なくおこなう。
⑥その後患者の頭部のすぐ横にかがんで座って2回息を吹き込む。
―頭部後屈、下顎挙上、
―鼻をつまんで口対口で、または用意しているポケットマスクで、1秒に1回、
―息を吹き込むときに胸が上がるのを確認する。
⑦胸骨圧迫を再開する。その後も胸骨圧迫：息吹き込みを30：2で続ける。
⑧AEDがきたら、上記の心肺蘇生を代わってもらい、AEDを操作する。
―カバーをはずして本体を取り出し、電源を入れる。
―音声ガイダンスに従って、備え付けの2つの電極パッドを取り出し、患者の右鎖骨の下で胸骨の横と左の側胸部に3センチ以上離して貼り、ケーブルを本体に接続する（あらかじめ接続されているものもある。音声ガイダンスに従う）。
―「みんなこの子から離れて」と声をかけながら安全確認。
―AEDの指示に従う。ショックが必要なら指示してくるので、点滅しているショックボタンを押す。
―ガイダンスに従って、ただちに30：2で胸骨圧迫から約2分間、中断せずに心肺蘇生を再開する。2分たったら、疲れを考慮して胸骨圧迫を交代する。
⑨これを救命救急士が到着するか、体動が出る（心拍再開のサイン）まで続ける。

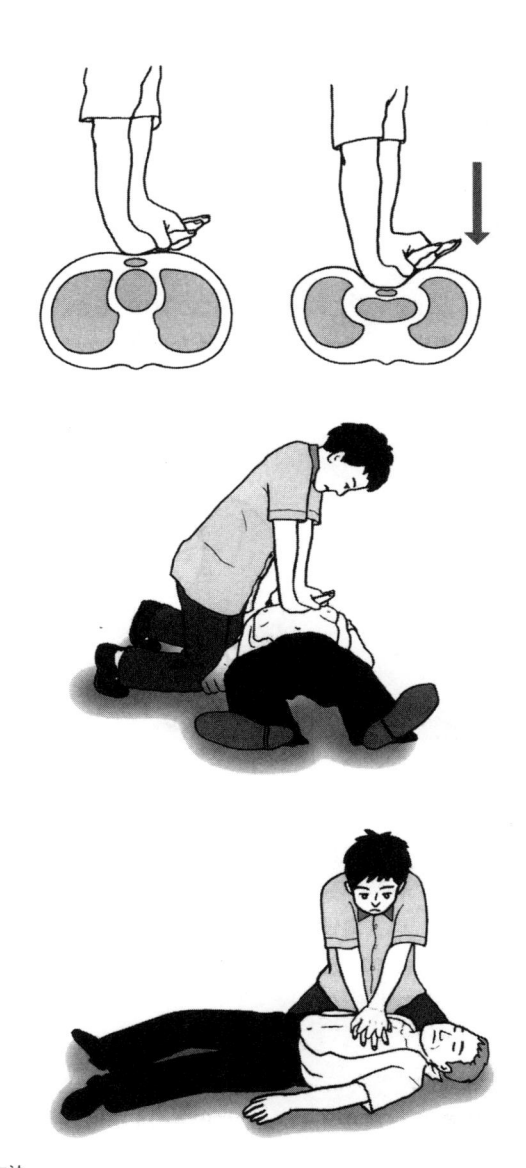

図1　胸骨圧迫の方法
（出典：日本救急医療財団心肺蘇生法委員会監修『救急蘇生法の指針2010　市民用』改訂4版、へるす出版、2011年、19ページ）

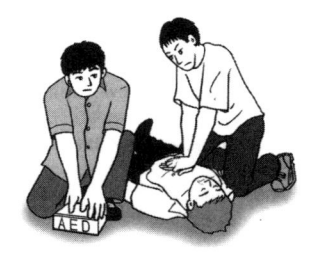

① AEDを傷病者の頭の近くに置く

② AEDの電源を入れる

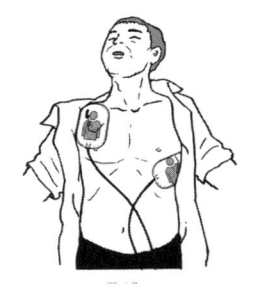

③胸をはだけて電極パッドを貼り付ける

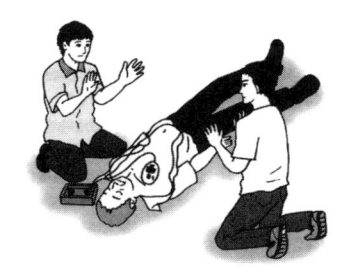

④誰も傷病者に触れていないことを確認する

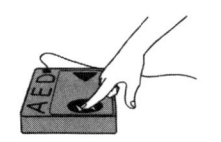

⑤ショックボタンを押す

図2　AEDの使い方
（出典：同書24—25、27ページ）

※心肺停止は、転落などの外傷、心臓振盪、心疾患（QT延長症候群、ブルガダ症候群、WPW症候群、心筋症、先天性心疾患、川崎病の既往、心筋炎、原発性肺高血圧症など、検診の項で詳述）、プールでの溺水、異物による気道閉塞、中毒などで起こる可能性がある。口対口人工呼吸で感染症にかかった事例は報告されていない。心肺停止のときは口の周りをハンカチなどで拭き取ったり、アルコール消毒したりした後、口対口で直接おこなってもまず問題はない。しかし、どうしてもいやな場合でも、胸骨圧迫（心臓マッサージ）だけは必ずおこなってほしい。また保健室には口対口での人工呼吸をしなくていいように、ポケットマスク（レールダル®）を準備しておくべきである。

　現在、AEDは学校の標準装備になっている。AEDの使用法を含む1次救命処置（BLS: Basic Life Support）の講習会に参加する教師も増えている。本講習会の受講をさらに奨励するとともに、子どもたちにもその内容を教え、避難訓練と同じ位置づけで、シミュレーショントレーニングを定期的に（年2回）やっておくと大変役に立つ。とくに「助けを呼ぶ」「胸骨圧迫の正確なやり方」「AEDを実際に使ってみる」「ポケットマスクによる人工呼吸」などを人形で練習しておくと、本番で迅速な対応につながる。現在、心肺蘇生法はわが国でも世界共通のガイドライン（5年ごとに改訂）に基づいておこなわれていて、最新は2010年改訂である。すでに一般向けの解説書が2011年10月末に刊行されている。

参考文献

日本救急医療財団「一次救命措置」「日本蘇生協議会」（Japan Resuscitation Council, JRC）日本版ガイドライン2010（http://www.qqzaidan.jp/pdf_5/guideline1_BLS_kakutei.pdf）

日本救急医療財団心肺蘇生法委員会監修『救急蘇生法の指針2010　市民用』改訂4版、へるす出版、2011年

日本救急医療財団心肺蘇生法委員会監修『救急蘇生法の指針2010　市民用・解説編』改訂4版、へるす出版、2011年

3　上気道閉塞

> 8歳の男児が、給食時間に大声で話しながら食事していたところ、急に様子がおかしくなった。見ると頸部に両手をあてて、息ができないようだ。ヒーという弱い音が呼吸運動とともにするだけで声も出ない。処置はどうしますか？

　これは明らかにものを喉につまらせた状態、つまり異物による上気道閉塞のサインである。ほとんどの場合、本人は胸をどんどんとたたくか、首に両手をあてて顔があおざめる。以下のステップで対応する。
①「喉に物をつまらせた？」と聞く。
②「咳ができる？」と聞く。
③うなずけば咳をさせる（咳が異物を体外に出すのに最も有効な手段）
④咳ができない場合、「後ろに回って助けるからね」と説明して、本人の背後に回る。
⑤まず、背中の中央（左右の肩甲骨の間）を手のひらで1秒に1回、5回程度強くたたく。
⑥異物が出なければ、腹部突き上げ法（ハイムリッヒ法）を実施する。
　本人の左右の脇の間から腕を入れ、臍より上で胸骨の下、つまりみぞおちの部分に、片方の手を握りこぶしを作ってあて、もう一方の手でその握りこぶしを握り、すばやく自分の方に向かって引き寄せる。1秒に1回。声かけして反応するかどうか、意識レベルを確認しながら、意識のあるうちはこれを繰り返す。
⑦1分以上うまくいかなかったり、呼びかけに対する反応が鈍ってきたら、まず助けを呼び、119番通報する。
⑧意識がなくなったら、本人を床に仰向けに寝かせ、心肺停止の際と同じように胸骨圧迫を始める。30回おこなって2回息を吹き込むが、人工呼吸の前に異物が口のなかに出てきていないか確認する。目で見えれば取り除くが、

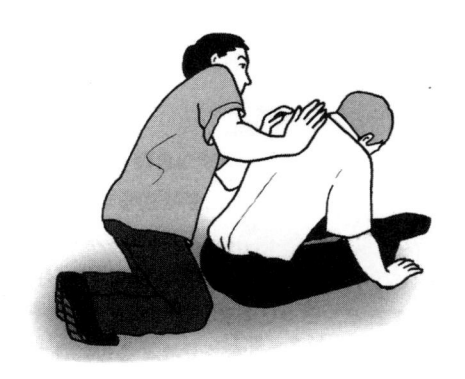

図3　背部叩打法
（出典：同書32ページ）

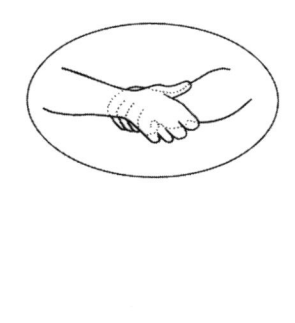

図4　腹部突き上げ法
（出典：同書32ページ）

　明らかに口のなかに異物が見えないかぎり、むやみに口のなかに手を入れて探ってはならない。胸骨圧迫は全身への血流供給と異物除去操作を兼ねている。

参考文献

前掲『救急蘇生法の指針2010　市民用』

> 10歳の女児が給食に出たナッツを食べた後すぐに「息が苦しい」といって保健室に自分でやってきた。「体がかゆい」と言っている。衣服を脱がせてみると体幹の前面と背部から腰部に、また手足にも地図上の盛り上がった膨疹が出ている。どういう状況でしょうか、何に気をつけて話を聞きますか？

　何かを食べた後やスズメバチに刺された後といった「状況」「呼吸困難」「全身の50％を超えるアレルギー性じんましん」の3つのキーワードから、診断はアナフィラキシーである。強いアレルギー反応で、高度の上気道狭窄（声門下、すなわち声帯の直下が腫れる）、喘息発作（下気道の閉塞。次項の「気管支喘息」を参照）、じんましん、全身の発赤、ショック（血管から血管外に血漿が漏出）を短時間のうちに生じる可能性がある。ただちに救急車を呼び、保護者にも連絡しなければならない。また、アレルギー既往症がありすでに医師からエピペン（アドレナリン自己注射）を処方されている児童ならば、緊急時には服の上からの使用が認められているので、本人に確認したうえで、救急車到着までに使用する。上気道狭窄の所見として、顎を前に出し、息を吸うときに狭窄音（かすれたヒューという音）が出現し、息を吸う時間が長くなり、流涎を認める。原因となる食物の摂食や虫刺されから30分以内に呼吸困難やじんましんが出現した場合、落ち着いているように見えても上記の症状が進行することがあるので、状態がよくても必ず1時間以内に医療機関を受診させる必要がある。

> 　9歳の男児。朝から喉が痛く熱っぽかったが登校した。2時間目が終わったところで咽頭痛がひどくなり、呼吸が苦しくなって保健室に来室した。受け答えははっきりしているが、一見してきつそうな呼吸で、いびき様の吸気のたびに雑音が聞かれる。顔色は悪い。横にならせようとしても横になれず、座ったままである。顎を前に突き出して、唾液を垂

らしている。つばが飲み込めないという。体温は38.9℃で、喉を見ると扁桃が大きく腫大している。処置を急ぎますか？

このような状況では、扁桃腺炎で両側の扁桃が大きく腫れていて、上気道閉塞に発展しつつある。「吸気時の雑音」「下顎の突出し」「起座呼吸」「流涎」「高熱」がキーワードだ。むやみに口のなかを覗き込んだりせず、本人の楽な姿勢を保たせたまま、ただちに救急車を呼び、保護者にも連絡する。

※上気道閉塞は生命の危急事態である。1人で対応せず、現場にいる関係者と管理職の応援を仰ぎ、本人のそばを離れてはいけない。

4　気管支喘息

16歳男児で、息がしにくく、「胸が押された感じで、お腹も痛い」ということで保健室に来室した。保護者申告による身体状況の記録には「基礎疾患なし」とある。しばしば胸が「ヒーヒー」することがあり、月に1回は学校を休んでいるようだ。また小学校に入って肘の内側、膝の裏側にかゆみを伴う湿疹があり、年中よく掻いている、小・中・高と風邪をひくと胸が苦しくなり、自己申告では近医で吸入ステロイドを処方されているということだった。昨晩は胸が苦しく、眠れていない。一見して、受け答えはいいが、顔色は悪く、横になれず、肩で息をしていて、喉元が息を吸うたびにへこむ。心拍数は140、呼吸数は40回、血圧は130/80、体温は36.8℃である。衣服をとってみると、胸が膨隆して鳩胸のようになっている。聴診では呼吸音が聞き取りにくい（空気の入りが悪い）が、よく聞くと呼吸音は呼気が延長していて、無理やり息を吐いているようだ。何かきっかけがあったのかと問うと、昨日友達とタバコを吸ったという。また、9歳の妹もときどき咳が長引いて近医で吸入療法を受けているとのことだった。状況をどう判断し、どのように対応しますか？

呼吸が苦しく、気管支の狭窄によって主に呼気時の「ヒュー」あるいは「ピュー」という雑音（喘鳴）が聴診あるいは聴診器なしでも聞こえ、呼気の延長を伴っている場合、気管支喘息の発作である。横になれない（起座呼吸）、呼吸音が聴診で聞こえにくい（気管支喘息が進行すると肺に空気が入らず、喘鳴はむしろ小さくなる。音が聞こえないからいいということではない）、顔色が悪い（舌を出させて色が悪ければ進行した気管支喘息）、学童以上高校生までで呼吸数が30回を超える、脈拍が120を超える、血圧も120/80を超える、などは気管支喘息の大発作（重積発作）を示している。一刻も早く（15分以内に）医療機関を受診するのが望ましく、すぐ救急車を要請する。保護者への連絡ももちろん同時におこなうが、保護者は本人の重症度を深刻に受け止めていないこともあるので、毅然とした態度で子どもの緊急事態を通告する必要がある。

※気管支喘息は大変多い病気で、日本では16歳未満の小児全体の６％、100万人程度が罹患している。クラスに最低２、３人はいる状況なので、学校の現場でもその多さと増加傾向の認識は高まっていると思う。アトピー性皮膚炎を思わせる慢性の掻痒性湿疹を合併し（アレルギー・マーチ）、親・兄弟に同様の家族歴があることが多いのも特徴である。この病気は医療専門職でさえ、一般の風邪と同類との間違った認識で診断がついていなかったり、重症度の判断を誤って軽くみられている傾向がある。言い換えると、気管支喘息ほど、「オオカミ少年状態」で危険な病気はないと言っても過言ではない。また乳幼児では保護者が「この子はゼーゼーします」と訴えるのに対し、保健室を訪れる児童・生徒は「ゼーゼーする」とは表現せず、「胸が苦しい」「お腹が痛い」「胸が押された感じ」「息をしにくい」「ヒーヒーした感じ」などと表現する。ここで取り上げたのは極端に悪い例なので、あまり対応に迷わないと思うが、一見軽症に見えても、以下のようなとき、３～６時間以内に医療機関を受診する必要があるので、必ず保護者に連絡して早退させ、救急病院を受診させなければならない。
①前の晩に眠れていない。
②嘔吐や腹痛があって食事や水分がとれない。
③トイレのために移動しただけでもきつくなる。

④発作予防として吸入ステロイド（フルタイド®、アドエア®）を朝晩複数回ずつ使用している。
⑤喘息の大発作（酸素を使うような発作）で年3回以上入院したことがある。
⑥集中治療室に入室して治療した既往歴がある。
⑦熱がある（肺炎など、感染を合併している可能性がある）。
⑧ここ何日か、医療機関に繰り返し呼吸困難で受診している。
⑨急性発作改善のための吸入薬（ベネトリン®、サルタノール®、メプチン®などのβ刺激薬）を医療機関で処方されていてすでに使用しているが、4時間以内にまた苦しくなってくる。

　気管支喘息による死亡は年々減少しているが、わが国ではまだ年間10人もの子どもが亡くなっている。上に列挙した①から⑨の状況は、放置しておくと急速に悪化する恐れがあるうえに、普段から発作があまりなく軽症と思われていても、急激に悪化して死亡につながる可能性が常に存在するので油断できない。学校現場には酸素不足を測定する機器が配備されていないので、酸素投与が必要かどうかの判断を迅速におこない、医療機関につなげることが喘息死予防の危機管理上、大変重要である。

　気管支喘息は「気道の炎症による可逆性の気管支の狭窄と気道粘膜の腫脹を生じる慢性呼吸器疾患」であり、急性発作が治療によっていったんおさまったように見えても、実は発作の起こりやすさ、すなわち気道の過敏性は持続している。これを低下させるためには、慢性管理を徹底することが重要で、発作フリーの状態をつくることによって軽症化を図ることができる。そのためには、急性発作がない間欠期のセルフコントロールが非常に大切である。慢性管理の根幹はダニやハウスダスト対策、ペットの回避、花火や冠婚葬祭での線香への接触の回避などである。月1回気管支喘息の急性発作で学校を休む子どもは慢性持続型であり、吸入ステロイドの通年使用が必要となる。またすでに吸入ステロイドを使用しているのにこの状態なら慢性管理が十分でなく、さらなる環境整備や吸入ステロイドの増量が必要である。セルフコントロールのためにピークフローメータを所持し、喘息日記をつけている子どももいるので、本人・保護者と情報を共有しておくと喘息のコントロール状況の判断の参考になる。吸入ステロイドを高用量使用している児童・生徒は重症慢性持続型で、急性発作時の病状の悪化も速いことが多いので、保護

者・担任・養護教諭が連携して急性増悪時の対処法を打ち合わせしておくといいだろう。気管支喘息管理上の最大かつ最難関の課題は喫煙・受動喫煙である。本事例のように自ら喫煙するだけでなく、受動喫煙の害も計り知れないので、家族の禁煙が何よりも重要だ。大人が襟を正せば急性発作を減少させ、病気による欠席を減らすことにつながる。これはいくら強調しても強調しすぎることはない。「タバコの害」については、別に項を設けて注意を喚起する。

参考文献

濱崎雄平／河野陽一／海老澤元宏／近藤直実監修、日本小児アレルギー学会『小児気管支喘息治療・管理ガイドライン2012』協和企画、2010年

文部科学省スポーツ・青少年局学校健康教育課監修『学校のアレルギー疾患に対する取り組みガイドライン』日本学校保健会、2008年

5　下痢

> 8歳女児。2時間目の途中から顔色が悪く様子が変だった。「休み時間にトイレに入ったきり出てこない」という同級生からの報告でトイレに行って声をかけると、「腹痛とともに何度も血が混じった緑色の下痢便が出て、動けない」という。声かけしながら待つと、5分くらいでトイレから出てきた。受け答えはできるが歩けず、努力呼吸はないが呼吸は速い感じで、顔面蒼白で冷や汗をかいている状態である。保健室まで抱えて連れてきて、ベッドに横たわらせた。腹痛は間欠的に続いているようだ。呼吸数36、脈は浅くて弱く、脈拍160、血圧76/40、体温39.0℃であった。どういう状態なのでしょうか、そしてどう対応しますか？

歩けない、顔面蒼白、冷や汗などから状態は「悪い」と考えられるので、早急に救急車を呼ぶべきである。学校管理者と保護者にもすぐに連絡し、そのまま病院に連れていく。血便を伴う下痢が頻回にあり、高熱が出て脈が浅

くて速く、冷や汗をかいている、さらに収縮期血圧が80を切っているので、ショック状態だ。仰臥位で寝具などを下に敷いて両下肢を30度くらい挙上する。さらに脱水の評価として目元の落ち凹み、口腔粘膜の乾燥、四肢の皮膚の乾燥状態も確認する。意識レベルの確認も重要だ。血便を伴う頻回の下痢、高熱、ショックということから、サルモネラ菌などの細菌性下痢の可能性が高い。この場合は、下痢による高度の脱水だけでなく、細菌感染による全身性の炎症反応で敗血症性ショックに陥ることも知られているので、医療機関で早急に静脈路からの大量輸液と抗菌薬投与を受ける必要がある。可能ならスポーツドリンクなどで1回100ミリリットル程度を10分ごとなど、少量頻回の水分補給を始めるが、嘔吐してしまう、傾眠傾向などの場合はやってはいけない。本人への対応とともに、2次感染予防が必要である。当事者と関わる教諭は、体液や体液付着物の処理の際にまず手洗いをおこない、使い捨てのビニールガウン、ビニール手袋、マスクを装着する。糞便や吐物はペーパータオルで拭き取り、さらに次亜塩素酸ナトリウム溶液で拭いた後、水拭きする。汚物や体液が付着したリネンは別にまとめておき、85℃以上の熱い湯に1分以上つけたり、次亜塩素酸ナトリウムなどを使用した後に洗濯する。保護者を含む家族に同様の症状はなかったか、上下の学年に兄弟姉妹がいれば同様の症状はないか、またクラスに同様の症状の子どもや担任教諭がいないかを確認し、いれば軽症であれば帰宅させ、水分補給ができなければ医療機関を受診させる。他の生徒には休み時間、また給食前とトイレ後に必ず流水で1分以上の手洗いを励行させる。さらに保健室、教室、トイレのドアノブ、スイッチ、便器、手洗い場の蛇口など接触源をアルコールで消毒する。感染源の把握も重要で、家庭、外食産業、学校給食などをチェックするとともに、国立感染症情報センター、県の感染症情報センター、保健所の情報などを把握し、学校感染症と出席停止期間基準も確認しておく。

※突然嘔吐が頻回に始まり、数時間から半日で水様便が頻回になるが、腹痛はあまり強くないという経過なら、ノロウイルスなどの急性ウイルス性胃腸炎である。見た目、バイタルサインとともに、目元の落ち凹み、口腔粘膜・皮膚の乾燥状態をチェックして、バイタルサインが不安定なら救急車を要請し、安定していても、5回以上の下痢と嘔吐で水分摂取ができなければ医療

機関を受診させる。2次感染予防の措置は前述のとおりである。

参考文献

国立感染症研究所感染症情報センター「サルモネラ症」病原微生物検出情報（IASR 30）、203―204ページ（http://idsc.nih.go.jp/iasr/30/354/tpc354-j.html）［2009年6月現在］

国立感染症研究所感染症情報センター「サルモネラ感染症」（http://idsc.nih.go.jp/disease/salmonella/byougenn.html）、2004年

国立感染症研究所感染症情報センター「ノロウイルス感染症」（http://idsc.nih.go.jp/disease/norovirus/index.html）、2011年

廣原紀恵「第10章 感染症予防」、津島ひろ江編、荒木田美香子／池添志乃／藤本比登美編著『学校における養護活動の展開』所収、ふくろう出版、2010年、116ページ

7歳の男児が、午前中の終わりから元気がなくなってきたということで保健室に来室した。トマトケチャップのような水様の血便と強い腹痛が数日前からあり、近医で通院治療していたが、よくなってきたので本日から登校してきたという。顔面が貧血様に白くて少し黄ばんでいて、ぽってりと腫れている。元気なく椅子に座っているが、放っておくと眠ってしまうようだ。血圧140/90、心拍数130、呼吸数40、体温36.8℃だった。熱はずっとないという。他のクラスの9歳と12歳の姉妹、8歳の男児、11歳の男児も同様の症状で学校を休んでいるという。どう対応しますか？

「腹痛」「トマトケチャップのような水様血便」「高熱がない」の3つのキーワードから、腸管出血性大腸菌による出血性大腸炎を強く疑う。同様の患者が複数発生しているので、集団食中毒の可能性がある。さらに大流行期には、患者の1割から2割が大腸菌のもつ毒素によって貧血と黄疸（溶血性貧血）、急性腎不全（浮腫、乏尿、高血圧）、血小板減少症の3つを特徴とする溶血性尿毒症症候群（HUS）を発症し、早期に専門病院での透析療法の開始が必要となる。透析のタイミングを逸したり脳症を併発すると、死亡する可能性が

ある。通常は、腹痛と血性下痢の症状が強いほどHUSを生じる危険性が高いが、この事例のようにいったん下痢がおさまった後、あるいは水様性の少量の下痢だけでいきなりHUSを発症することもあるので注意が必要である。

　学校現場では患者を医療機関へつなげるとともに、サルモネラ菌による細菌性胃腸炎の場合とは異なり、大規模な集団発生を十分予想して2次感染予防に早期から取り組まなければならない。現場では手洗い励行が最も有効である。学校だけでなく、保健所や行政と連携して組織的に取り組む必要がある。腸管出血性大腸菌感染症は第3種学校感染症に指定されているが、診断がついてからでは流行を止められないので、この病気を疑ったら学校管理者とともに早期の保健所への通報が肝要である。

※腸管出血性大腸菌（O157、O111、O104など）はウシの常在菌で、食肉や牛糞による食物汚染で集団発生する。わが国では、1991年の浦和市での井戸水の牛糞汚染による幼稚園児の集団発生、96年の堺市での学校給食を介する集団発生、最近では2011年富山県の焼き肉店を介する集団発生がよく知られ、外国でも1993年のシアトルでのハンバーガーを介する大規模集団発生、2011年のドイツに端を発した集団発生（いまだ感染源が不明）が有名で、2次感染を含み、死者が続発して社会問題になったことは記憶に新しい。

参考文献

国立感染症研究所感染症情報センター「腸管出血性大腸菌感染症　2011年」(http://idsc.nih.go.jp/disease/ehec/index.html)

国立感染症研究所感染症情報センター「ドイツにおける腸管出血性大腸菌（EHEC）感染症のアウトブレイク」(http://idsc.nih.go.jp/disease/ehec/2011WHO/who0602.html)

国立感染症研究所感染症情報センター「ドイツにおける溶血性尿毒症症候群（HUS）のアウトブレイク」(http://idsc.nih.go.jp/disease/ehec/2011WHO/who0527.html)

国立感染症研究所感染症情報センター「感染症の話」(http://idsc.nih.go.jp/idwr/kansen/k02_g1/k02_06/k02_06.html)

前掲「第10章 感染症予防」116ページ

6　腹痛

　　10歳の男児。登校後すぐから嘔吐と著明な腹痛が出現。保健室に歩いて来室するも腹痛で苦しんでいて、呼吸が深くて速い感じ。梨をむいたときのようなフルーツ臭がする。顔面と四肢は蒼白。陥没呼吸はなく、呼吸音はいいが、呼吸運動が大きい。四肢は冷たく、脈は浅くて速い。受け答えはしっかりできるし、瞳孔も正常で、手足に外傷、皮疹、出血はない。呼吸数36、脈拍140、血圧90/72、体温36.9℃だった。最近の話を聞くと排尿回数が増え、よく喉がかわき、やせてきていたとのことだ。目元は落ち凹んでいて、口腔内はかなり乾燥している。お腹は少し張った感じでどこを押しても圧痛があるが筋性防御はない。どう対応しますか？

　キーワードは、「突然の嘔気と嘔吐」「腹痛」「腹部膨満（腸管麻痺によるイレウス）」「呼気のアセトン臭」また「多飲・多尿」の病歴で、典型的な1型糖尿病での糖尿病性ケトアシドーシスの劇症発症状態だが、病歴を聴取するまでは、しばしば急性虫垂炎と間違われることがある。糖尿病性昏睡はよく知られているが、1型糖尿病では2型と違って昏睡に至る前に上記のような腹痛と嘔吐を生じることが多い。一見して状態が「悪い」し、血圧は保たれているが、脈が速くて弱く、脈圧（収縮期と拡張期の差）が20未満で、脱水が著明かつ進行しているので救急車を呼ぶ。インスリンの絶対的欠乏の状態であるので、15分以内に医療機関に搬送しなければならない。

※1型糖尿病では、インスリンが原因不明で全く分泌されなくなる。わが国では16歳未満の人口10万人あたり（ほぼ総人口の100万人あたり）に年間2人程度発症する。この事例のような劇症発症もあるが、その一歩手前で、多飲・多尿に加えて「ぼーっ」とするようになった（意識障害）ことで見つかる場合がある。診断がついてインスリン治療をおこなっている1型糖尿病の

子どもが、風邪（ウイルス感染症）、ストレス、治療不履行、思春期によるインスリン必要量の増大などいろいろな理由で糖尿病性ケトアシドーシスを生じることがあるので、腹痛と嘔吐がキーワードであることを知っておくべきだ。

> 9歳の男児。午前中の終わりに体育があり、その後から両膝関節と両足関節が腫れて痛くなり動かせなくなった。続いて、臍の周りも痛くなり、給食が食べられないと保健室に一人で来室した。顔は痛みのためにゆがみ、やや青白い。呼吸状態は安定し、皮膚色はいい。バイタルサインは安定していて、受け答えもしっかりしている。下肢に赤く押しても消えない斑点が多数あるが、朝にはなかったという。重症度判定はどうでしょうか。何を考えてどう対応しますか？

一人で歩いて入室しており、呼吸状態も皮膚色も安定しているので、皮疹はかなりあるが、状態は「よい」と判断できる。「複数の関節の腫脹と痛み」（関節炎）、「腹痛」「紫斑」のキーワードから、アレルギー性紫斑病の診断が妥当である。腹痛は軽いものもあるが、程度が強くて水分が摂取できず、血便を伴うことも稀ではない。基本的には自然経過でよくなるので、保護者に連絡し、その日のうちに医療機関を受診してもらう。ときに関節所見や皮疹・紫斑が出る前に腹痛だけが続くことがあり、この場合は急性虫垂炎との区別が難しく、診断がつかないまま緊急開腹になることもある。年齢が上がるほど、すなわち中高生になると消化管の炎症が強くなり、消化管出血でショックを呈することもあるので、中高生の強い腹痛と血便の事例ではできるだけ早く医療機関を受診する必要がある。また中高生では、同時に急性で進行性のアレルギー性紫斑病性腎炎を併発し、数日以内に急速進行性腎炎によって急性腎不全に陥り、尿が一時的に出なくなる事態も起こりうる。顔面浮腫、高血圧（学童以上で140/90以上）、肉眼的血尿がみられるときは数時間以内に医療機関を受診するのが望ましい。腹痛、皮疹・紫斑、関節炎は、2、3カ月の経過で軽度の再燃と軽快を繰り返しながら、最終的には治癒する。この間、関節が腫れて紫斑が一時拡大しても絶対安静の必要はなく、登校制限もない。過度の歩行制限や車椅子の使用をしているケースをみかけるが、

これは心理的ストレスを生むだけであり、誤った対応である。

※アレルギー性紫斑病は何らかの刺激（風邪のウイルスや食物など）がきっかけになり、主に関節、消化管、皮膚の血管に炎症を起こす原因不明の病気であり、患者のほとんどは10代半ば以下の小児である。腹痛は腸管の血管炎による虚血が原因なので、症状軽減と大量出血・消化管穿孔などの合併症を予防するために、医療機関では早期に副腎皮質ステロイドの短期全身投与をおこない、一般的にはそれが著効する。腎炎の重症例には将来の末期腎不全予防のために特殊な免疫抑制療法を実施する。

> 13歳の女児。朝から何となく臍の周りが痛かったが我慢していた。給食ではほとんど食べられず、気持ち悪くなりトイレで2回ほどかなり嘔吐した。だんだん寒気がしてきて、歩くと右下腹部が痛くなったと、5時間目と6時間目の間の休み時間に担任に訴えた。本人は前かがみになって歩いているが、受け答えはしっかりしている。努力呼吸はなく、表情はさえないが顔色はいい。この腹痛は緊急でしょうか？

まず上腹部から臍周囲の痛みと嘔吐から始まり（発症後12時間まで）、時間の経過とともに、歩くと右下腹部に響く痛みと前かがみ歩行（発症後12～36時間）などが生じたことから最初に急性虫垂炎を疑う。仰臥位で右下腹部をゆっくり押したときに、痛みとともに腹筋に力が入る（筋性防御）のであれば、診断はほぼ確定する。治療法には賛否両論があるが、基本的には診断がつき次第手術が必要な「急性腹症」なので、救急車要請は必要ないが、1時間以内の医療機関受診が必要である。悪寒を伴って熱が出てくると、24時間以内に穿孔し、腹膜炎を併発する可能性がある。女児ではとくに腹膜炎による卵管癒着で将来の不妊に発展する可能性があるので、とくに本症を疑ってかかり、早期診断が必要となる。

> 12歳の男児。腹痛とともに5回連続で嘔吐があり、昼休みに保健室に来室した。かなり痛がっていて、冷や汗をかいてかなり苦しい様子だった。努力呼吸はなく、皮膚色はいい。バイタルサインはほぼ正常。腹

部を触診しても圧痛はなく、説明がつかない。何が起こっているのでしょうか？　こんなときにぜひ確認すべき個所は？

「男児」「突然の強い腹痛と嘔吐」「腹部はやわらかく虫垂炎の所見がない」がキーワードである。本人は恥ずかしがって言わないことが多いが、必ず下着をとって陰嚢をチェックすべきである。この事例の場合、左側の陰嚢が真っ赤に腫れ上がっていた。急性陰嚢症、すなわち精巣捻転のケースだ。本症は発症から12時間以内に外科的整復をしないと、精巣が壊死に陥る。救急車でなくてもいいが、ただちに医療機関の受診を手配する。

　17歳の女子高校生。体育の時間に突然下腹部に激痛を感じ、うずくまってしまった。体育教諭と同級生に抱えられて、とりあえず保健室に来室した。入室したところで嘔吐が3回あり、顔面は苦痛で蒼白、立っていられない。努力呼吸はないが痛みで唸っていて呼吸は不規則。寝かせてバイタルサインをとりながら腹部を触診すると握りこぶし大の腫瘤がふれる。どう対応しますか？

「高校生女子」「突然の下腹部疝痛発作」「腫瘤触知」がキーワードで、典型的な卵巣嚢腫（良性腫瘍）の茎捻転である。捻転によって腫瘍内に高度のうっ血や腫瘍内出血を生じるため、早急な対応が必要である。中高生の場合、考慮しておくべき急性腹症の一つで、婦人科救急疾患である。救急車要請が望ましい。

　18歳の女子高校生。下腹部と背部が昨日から痛かったが、授業中に鈍い痛みがだんだん強くなり保健室を受診。顔面蒼白で呼吸は速い。四肢の色も悪く、冷や汗がある。呼吸音はよい。四肢は冷たく、脈は弱い。バイタルサインは血圧100/70、脈拍160、平熱である。寝かせて下腹部を触診すると圧痛が著明で筋性防御もある。腫瘤は触れない。下着に少量の出血が認められる。乳房に圧痛がある。生理はここ3ヵ月なかったという。何を疑いますか？　緊急度はどうでしょうか？

キーワードは「高校生女子」「突然の下腹部痛」「性器出血（少量）」「無月経」「乳房の圧痛」（無月経、乳房の圧痛は妊娠を示唆）で、月経痛や単なる流産ではなく、子宮外妊娠を強く疑う。状態は「悪い」ので、救急車を要請し、出血性ショックに対して両下肢を毛布などで挙上する。いまはまだ血圧が保たれているが、急激な腹腔内大量出血による低血圧性ショックに発展することがあるので超緊急事態である。妊娠、しかも異常妊娠の可能性も中高生女子では考えておかなければならない。

※後半の4つの腹痛の事例は急性腹症、すなわち手術を必要とする腹部の状態である。全身の状態の悪さ（顔面蒼白、苦悶様顔貌、歩行不能、冷や汗など）、強い腹痛、嘔吐、腹部の触診での筋性防御による固い感じ、緊満感がある膨隆などで急性腹痛を疑う。稀ながら、新生児・乳児に多い腸回転異常、過去の手術による腸管癒着、内ヘルニア（メッケル憩室と隣接腸管との癒着、傍十二指腸裂孔、腸間膜裂孔など）などによる腸閉塞で、急性腹症が学童から高校生まで生じる可能性がある。

　その他、腹痛では以下のようなことに留意すべきである。どの年齢でも便秘で激しい腹痛をきたし、この場合、しばしば浣腸で急激によくなることがある。また最近、小学校高学年から高校生で増加しているのが、不動の姿勢でのゲーム・携帯・パソコン、炭水化物が多い低残渣食（繊維が少ない食事）、極端なダイエットなどを背景とする尿路結石で、突然の腹痛、腰部痛、嘔吐など結石の疝痛発作を生じることがある。女子で発熱を伴って下腹部痛を訴えるとき、排尿時痛や残尿感の自覚症状と腰背部の叩打痛を確認できれば腎盂腎炎（細菌による腎実質の感染症、上部尿路感染症ともいう）である。大腸菌感染によることが多いが、思春期以降、生理が始まると、膣の常在菌である、ある種のブドウ球菌感染の可能性も増えてくる。発症から48時間以内に治療を始めることが重要だ。発熱、下腹部痛に加えて帯下の異常を確認できれば、性感染症による骨盤内炎症性疾患の可能性が高く、クラミジアや淋菌に有効な抗菌薬の静脈内投与が必要となる。また、前述の気管支喘息や細菌性肺炎、マイコプラズマ肺炎、またそれらの肺炎に合併する胸膜炎、さらには心筋炎や頻脈性の不整脈などでもしばしば腹痛を訴える。腹痛だからといって腹部だけに注目するのではなく、心疾患・呼吸器疾患の可能性も常に念頭

に入れてほしい。

参考文献

市川徹「9.急性腹症」「第Ⅵ章　小児の主な救急疾患」、山本保博監修、岡林清司編『救急医療の基本と実際——小児・新生児・高齢者』所収、荘道社、2005年、259—264ページ

7　吐血・下血

> 11歳の男児。1年以上前から間欠的に上腹部痛があり、食後によくなることが多かった。黒色便が出ることも月に1回くらいあった。2時間目の授業中に急に胸がむかむかして吐きたくなり、トイレの洗面器にコップ2杯分程度のコーヒー残渣様のものを吐いた。ふらふらしてきたので、そのまま保健室に来室した。どう対応しますか？

　キーワードは「慢性腹痛」「黒色便」「コーヒー残渣様吐血」で、十二指腸潰瘍による消化管出血が考えられる。一見落ち着いているが、「ふらふらしてきた」と言っている。仰臥位で休ませてバイタルサインをとったときに落ち着いていても、ベッドをそのままギャッジ・アップするか、可能なら自分で座位をとらせ、3分以内に再度バイタルサインを測定する。これを「ティルト・テスト」と呼び、収縮期血圧が20以上低下、脈拍が20以上増加したら、低血圧になる前触れで、すでにショックに陥っている。この場合、緊急に上部消化管内視鏡で診断と止血治療をおこなわなければならず、救急車を要請すべきである。

※学童以上では、胃潰瘍・十二指腸潰瘍は心因、ピロリ菌感染症が主な原因である。胃十二指腸からの出血は、消化液による変化で黒色便を呈するのが特徴だ。また、この事例のように、潰瘍からの出血でショックに陥ることが

ある。鼻血を飲み込んでその後嘔吐するときに、コーヒー残渣様の大量吐血と間違えてあわてることがあるが、この場合は全身状態がよいことで区別できる。鮮血による赤色便は、主に小腸・大腸からの出血を考える。緊急性があるのはメッケル憩室炎で、患者は2歳未満が大多数だが、学童期から高校生まで発症年齢は幅広く、大量の下血でショックに陥ることがある。緊急性のない新鮮血の下血として裂肛や痔核などがあり、運動不足、低残渣食、不規則な排便習慣などが背景になって中学生・高校生でも増加傾向にある。また、繰り返す腹痛・肛門痛を伴う鮮血の血便の場合、クローン病を疑う。この病気は、潰瘍性大腸炎とともに、炎症性腸疾患と呼ばれている慢性再発性の自己免疫病である。炎症性腸疾患は低残渣食などの食生活の欧米化によって、中高生はもとより小学生でも増えていて、もはや成人だけの病気とはいえない。

参考文献

前掲「9.急性腹症」265ページ

8　熱中症

> 13歳の男子。バスケットボール部に所属し、梅雨のシーズンに風通しの悪い体育館で筋力トレーニングの強化メニューを実施していた。大量に発汗し、喉が渇くので真水を20分おきに飲んでいたが、急に蒼白になり、上下肢の筋肉と腹筋が痛みを伴ってぴくぴくとけいれんし、倒れ込んでしまった。受け答えははっきりしている。何が起こっていますか？　すぐにできることは？

熱中症グレードⅠ（軽症型）の「熱けいれん」に相当する。高温環境だけでなく、湿度が高い状態でも発症する。とくにスポーツによって筋肉から大量の熱が発生しても、気化熱として熱が体外に放散しにくい環境で生じやす

い。意識レベルはよいが、大量の発汗、筋攣縮が生じる。まず、涼しくて風通しのいい場所か、エアコンが効いた場所に移し、安静にさせ、水分の補給をおこなう。その場合、後述の経口補水液が望ましい。

> 14歳の女子。炎天下での花壇の作業の終了後に意識を失って倒れた。そのまま涼しいところに抱えて移し、仰臥位に保っていたらすぐ意識を取り戻した。体温は38.8℃だった。顔面と四肢はやや紅潮していた。その後の対応は？

一時的な意識消失であり、熱中症グレードⅠ（軽症型）の「熱失神」に相当する。一時的な熱による末梢血管の拡張と自律神経失調が原因で、作業をやめ、筋肉の使用による血流維持がなくなった直後に起こることが多いとされる。後述の経口補水液を少量頻回に飲ませながら涼しい場所で仰臥位あるいは下肢挙上を保ったまましばらく様子を観察すれば、自然に回復する可能性が高い。

> 12歳男児。校内マラソン大会で折り返し地点を過ぎたところで倒れた。めまい、だるさ、頭痛を訴え、嘔吐、著明な顔面紅潮がみられた。すぐ風通しのいい日陰に移して様子をみたが、顔面蒼白、発汗多量で、痛みの刺激に対しても反応が鈍くなり、全身けいれんも始まった。バイタルサインは呼吸数40、血圧78/60、脈拍150、体温41.6℃だった。どう対応しますか？

熱中症グレードⅡの中等症「熱疲労」の状態から、急激にグレードⅢの重症、すなわち「熱射病」に進行したと考えられる。ショックを呈しており、けいれんも始まっていて、大量輸液が必要なので、すぐ救急車を呼ぶ。その間、下肢挙上、扇風機使用、冷水を全身にかける、鼠径部・頸部・腋下をアイスパックで冷やすなど、体のクーリングをおこなう。解熱薬は無効である。このようにグレードⅡからⅢへの進行は急激な症状悪化、進行が認められることがある。

※軽症から重症までの熱中症の事例を3つ紹介した。最初の事例のように高温環境でなくても、筋肉をかなり動かすスポーツを湿度が高い、風通しの悪い環境でおこなったときにも、熱中症が生じることを覚えておくべきである。またグレードⅢに移行するともはや中枢の体温調節機能はなくなり、高度の高体温が持続し、生命の危険性が高まる。したがって予防が極めて重要で、部活動や炎天下での活動の際には、本人が喉の渇きを訴えなくても、20分ごとに風通しのいい日陰で休息をとらせ、こまめな水分補給を心がける必要がある。生徒はもちろん、保護者、顧問の教諭、コーチと普段から連絡をとりあって、体制づくりをしておきたい。また発症したら軽症のグレードⅠのうちに安静とクーリングを開始し、グレードⅡに進展させないことが重要である。

　こまめな水分補給については、熱中症を起こす環境では大量の発汗があるので、塩分をある程度含む補水が必要となる。市販のスポーツドリンクは味はいいが、一般に塩分が少なく糖分が多いので注意が必要だ。スポーツドリンク1リットルあたり2、3グラム程度、すなわち小さじ半分程度の食塩を足すのが理想的だ。なお、経口補水液は簡単に作れる。水1リットルに食塩3〜4グラム（小さじ半分程度）、上白糖20〜30グラム（大さじ2、3杯程度）を加えるだけでいい。腸からの塩分の吸収には適切な糖分が必要なのでこのような配合となる。塩あめのようなものの単独使用は、水分そのものの補給にはならないので、代用はできない。この経口補水液を早期から少量頻回に摂取させる（1回100ミリリットル程度を15分ごとなど）ことで、病院で点滴するよりもはるかに安全かつ短時間に脱水改善の効果が得られる。このことは、嘔吐と下痢で脱水に陥りやすいウイルス性胃腸炎でもすでに証明されている。熱中症予防、軽症熱中症の脱水改善にも同様に有効である。

参考文献

安岡正蔵「熱中症」「救急医学」第23号、へるす出版、1999年、1119—1123ページ

9　外傷

> 13歳の男児が誤って校舎の2階から転落した。大騒ぎになり、黒だかりの人をかきわけて、本人の状態確認に走った。処置の手順はどうしますか？

　頭部、胸部、腹部・骨盤、四肢の多発外傷を考える。本人をむやみに動かさないのが原則である。それができるか、まず周囲の安全確認をおこなう。また、脊髄損傷進展予防のため、ただちに両肘を地面につけ、本人の頭上の位置から頭部を両手でボーリングのボールを持つように固定する（用手頸椎固定という。これでずっと手をとられてしまうので、通常は一度やってみせてから別の人に代わってもらう）。次に、救急車を呼び、AEDを持ってきてもらい、第1節で述べた緊急度評価をおこなう手順となる。すなわち、「受け答えできるか」「努力呼吸はあるか、あるいは呼吸運動はあるか」「顔面・四肢の色や活動性出血の有無はどうか」の3つを10秒以内でおこない、「よい」「悪い」「要蘇生」を判断し、「悪い」以上なら119番通報し、意識がなく呼吸運動もない場合は、AEDを持ってきてもらいながら心肺蘇生を開始する。明らかな活動性出血があれば、ガーゼで圧迫止血をおこなう。

　その後、ABCDE評価をするが、大事なのは見た目の重症度よりもバイタルサインだ。見た目では判断できない頭蓋内出血や脳実質損傷、肺挫傷や気胸、腹腔内出血などの方が、大変重篤だからである。気道閉塞、呼吸困難、ショック、意識障害（自発開眼がない場合）があればただちに救急搬送が必要だ。一見落ち着いていても、転落なら、身長の3倍以上の落差や1階層以上の落差の場合、通常の医療機関でなく高次医療機関、すなわち救命救急センターへの搬送が必要となる。大災害で体表の10％以上の熱傷（上肢・下肢ではそれぞれ1本分、胸・腹・背中上半分・腰背部はそれぞれ10％以上）を合併している場合、あるいは口周囲や口腔粘膜に「すす」が認められて気道熱傷が合併している場合は、落ち着いていても、一刻も早く救急搬送する。

> 9歳の女児が、学校で10段の階段を踏み外してころげ落ち、コンクリートの床で頭を強く打ったようである。現場では呼びかけても答えず、ぼーっとした状態だった。保健室に運ばれてから10分ほどではっきり受け答えができるようになったが、頭痛を訴えている。バイタルサインは安定している。そのまま鎮痛薬だけ飲ませて教室に帰らせてもいいでしょうか？

　一見して状態が悪い一歩手前のような事例では迷わないと思うが、この事例は意識レベルも観察中に戻っていて、グレーゾーンといえる。実はこれは急性硬膜外血腫だった事例で、一度教室に戻って、授業も最後まで受けたが、帰宅後に意識障害が進行して、手術となった。頭部外傷で「意識レベルが悪い」状態は、声かけに開眼するが眠りがちなレベルも含めて、救急搬送する。またいったん意識レベルを回復しても、受傷当時に意識障害がある（受傷時のことを覚えていない）場合は、救急車でなくてもいいが、2、3時間以内に医療機関を受診させる。10歳くらいまでは、脳震盪（脳内病変は軽微で、のちに問題がないもの）でも、受傷後に嘔吐やけいれんを1回くらいは起こしやすい。こうした例は必ずしも重症というわけではないが、最終的には「24時間たたないと大丈夫とはいえない」というのが脳外科専門医の見解である。意識がはっきりしていても、2回以上のけいれん、鼻出血や耳出血を伴う場合（頭蓋底骨折の可能性）、手足の麻痺、瞳孔異常（左右差、対光反射遅延）を伴う場合は救急搬送、1回でもけいれん、嘔吐がみられる場合や頭痛を訴えている場合は、頭蓋内出血の可能性を考えて、2、3時間以内に医療機関を受診させる。

　最後になったが、頭皮は血流が豊富なため、裂創で意外に出血量が多いのが特徴である。清潔なガーゼをあてるだけでなく、しっかり圧迫して止血を確認し、医療機関へつなぎたい。

> 17歳男子高校生。放課後のラグビーの練習試合で相手チームの選手ともつれ、転倒し、胸を強く打った。さらに別の選手の足で胸を強く蹴られた。大変痛がっていて、動けないということで呼ばれた。考えられ

る最悪の状態はどんなものでしょうか？

　まず本人を動かさず、脊髄損傷進展予防のために前述の用手頸椎固定をおこなう。これで手をとられるので、一度やってみせてから別の人に代わってもらうのがいいだろう。次に緊急度評価を始める。深刻な事態を知っておくことで、見るポイントが絞れる。
　まず心臓振盪がある。これはボールなどが強く胸に当たったときに生じる心室細動（不整脈）で、心肺停止となる。救急車が到着する前にAEDで完全に元に戻る可能性が十分にあるので、助けを呼び、心肺蘇生しながら、手元にAEDが来たらすぐ操作する。胸を強く打ったときには外傷後呼吸停止という状態も起きうる。このときもただちに心肺蘇生をおこなう。肺挫傷（肺の組織の損傷で出血）、血胸、気胸では呼吸困難とショックに陥るので、チアノーゼ、呼吸困難、不安定なバイタルサインを確認したら、すぐ救急搬送する。頸部や背部の痛み、手足のしびれ感やちくちくする痛み、手足を動かせない、手足に力が入らないといった症状は脊椎損傷の可能性がある。高位脊髄損傷を防止、また悪化させないために頸椎固定をしっかり続けながら救急車を要請する。
　さらに鎖骨骨折と肋骨骨折がある。これらだけなら救急搬送は必要ない。両者とも骨折部に持続性の強い痛みがある。前者は痛みを軽減するために、できれば三角巾で8の字に襷掛けして固定するのが理想だが、余裕がなければ、三角巾による腕の単純な固定でもいい。後者は現場での処置はなく、早めに医療機関を受診させる。ただし、複数の肋骨骨折で吸気時に胸郭が陥没するとき（動揺胸郭）は、急速に呼吸不全に陥ることがあるので、救急車を要請する。

　　18歳女子高生。自転車通学中、坂道をかなりのスピードで下っているときにバランスを失って転倒し、自転車のハンドルで腹部を強く打った。痛みでしばらく起き上がれなかったが、自力で登校した。1時間目が終わり、左上腹部の痛みが強くなり、保健室に来室。苦悶様顔貌で顔色はやや悪い。腹部を触ると、全体に膨隆して圧痛と筋性防御があり、骨盤や恥骨結合を押すと大変痛がり、骨盤に動揺があるようだ。何が起

> こっていますか？ 対応の緊急度は？

　腹部外傷は、肝臓・脾臓・腎臓などの内臓損傷、また骨盤骨折などでは腹腔内大量出血の可能性があり、そのときは大丈夫でも、しばらくしてショックに陥ることがある。したがって強い持続性の腹痛、歩行困難、バイタルサインの異常、腹部膨隆と圧痛・筋性防御、骨盤の動揺があれば救急車を要請する。バイタルサインが安定していても腹痛が持続する場合は、必ず２、３時間以内に医療機関を受診させる。
　もちろん、最小限の傷害ですむようにヘルメットの着用は絶対必要である。通学以外でも自転車に乗るときはいつもヘルメットの着用も励行するよう、学校側からも啓発してほしい。

> 10歳女児。運動会のリレーの練習中、バトンタッチの際に押されたために前のめりになり、かなりの勢いで走っていたため空中を泳いで、右手をついて倒れた。その後から手首が痛くて腫れていて動かせない。どう対応しますか？

　この事例は典型的な手首の骨折である。小児では中高年の同部の骨折と違って橈骨の成長板の軟骨部で折れる。骨折と捻挫（靱帯損傷）の区別については、疼痛だけでなく腫れがひどいもの、受傷当初腫れてなくても２、３時間以内に腫れがひどくなってくるもの、下肢で重力がかけられない（片足で立てない）ような痛みは骨折を疑う。思春期が終わるまではまだ成長軟骨があるため、ここを巻き込む骨折の場合、のちに変形をきたし、成長障害に発展することがある。したがって、医療機関でのすみやかな整復が必要となる。さらに、受傷部より先の部分で「脈は触れるか」「色はよいか」「さわってピリピリしたり知覚鈍麻はないか」「動かせるか」を確認する。これらの異常があれば、骨が皮膚表面を突き破って出ている場合（開放骨折）には、ただちに清潔なガーゼで覆い、１時間以内に受診する。骨折は痛み軽減と保護のために固定が大事で、骨折部位の遠位と近位両方の関節を、副木と包帯と三角巾を用いて固定する。

※四肢の骨折のほとんどは、救急車を要請せずに医療機関へ受診させるが、両側大腿骨骨折は大量の出血を引き起こし、ショックになるおそれがあるので、両側大腿部の変形、著明な腫れのあるときは救急車を要請する。

> 14歳の男子中学生。技術の時間に誤って電動工具で左の示指を切断してしまった。どう対応しますか？

出血部を滅菌ガーゼで覆い、圧迫止血したうえで、受傷部を心臓よりも高い位置に上げる（PRICE、Protection－保護、Rest－安静、Ice－冷却、Compression－圧迫、Elevation－挙上の原則）。切断された指はそのまま滅菌ガーゼで包んで清潔なビニール袋に入れ、さらに氷水を入れた袋に入れて医療機関に持参する。常温では再接着は6時間が限界だが、このようにして保護すれば再接着可能な時間が2倍に延長される。切断指は、氷での直接の冷却、流水洗浄、直接水に浸す、のいずれも再接着の可能性を低くするので厳禁である。

> 9歳の女児。トイレ掃除中にトイレ用の洗剤が目に入ってしまい、眼を開けられないほどの激しい眼の痛みを訴えている。現場でできることは？

この場合は酸への暴露である。ただちに流水で15分以上、酸を洗い流す。痛みが極めて強いときは500ミリリットルの真水あたり5グラム（小さじ1杯）の食塩を入れた1％食塩水で洗顔すると、痛みが和らぐことが多い。そのうえで、角膜損傷などのチェックのために眼科を受診させる。

※以前は運動場のラインパウダーに消石灰（水酸化カルシウム）が用いられていて、強アルカリのために、風などで生徒の眼に入って問題になっていた。2007年から文部科学省の指導で、ラインパウダーを炭酸カルシウムに替えるようになっている。また眼の異物についても洗眼ののち、眼科を受診するのが望ましい。自覚症状がない角膜異物でも、残存するとのちに失明することがある。

> 14歳男子中学生。野球部での練習中に硬球が左眼に当たった。その後から物が二重に見えると言っている。どう対応しますか？

　眼の外傷の場合、はでな結膜充血などに注意をうばわれがちだが、この事例のように「複視がある」「眼で物を追わせると眼球運動障害がある」「視力低下や視野欠損がある」「眼がしぼんでいて上眼瞼がかぶさっている」「前房出血がある（黒眼の部分の下方に鏡面形成がある）」などの場合、眼に正面から強い外力が加わって生じる眼窩底骨折、網膜剥離、開放性眼球損傷の3つの可能性がある。全身状態がよくても、後の視力・視野の温存のために、ただちに眼科専門医が常駐している救命救急センターを受診させる。

> 13歳男子中学生。バスケットボール部で練習中に他の部員と衝突し、鼻出血があり、上顎の前歯の1つが抜け、1つが欠けてしまった。臼歯もぐらぐらしている。痛がっているが一般状態は落ち着いている。どう対応しますか？

　外傷性抜歯は、歯を元通りに生着させるために、抜けた歯を牛乳、あるいは牛乳がない場合には自分の口のなかに保持して、その日のうちに歯科医院を受診させる。歯根膜（歯が骨に埋まっている部分を覆っている膜）を温存するために、血液で汚れた口腔内は軽くすすぐ程度とし、ガーゼを詰めたりしてはいけない。また折れた歯は清潔な濡れガーゼに包んで、医院に持参する。歯の脱臼については現場でできる処置はなく、歯科処置で元通りになる可能性が高い。一方鼻出血は、外傷の場合も鼻をいじっていて出血した場合も、ほとんどが鼻中隔の前下方にある血管の多い粘膜（キーゼルバッハ部位）からの出血なので、座らせたうえで、鼻翼の骨のすぐ前下方の軟らかい部分を鼻中隔に向けて数分圧迫する。これで止まらなければ、圧迫したまま耳鼻科を受診した方がいいだろう。

10　熱傷

> 小学校5年生の女児。理科室で実験中に、アルコールランプでビーカーの水を熱していたところ、誤ってビーカーを倒し、熱湯が手足にかかった。すぐできる処置は？

　緊急度評価を実施し、すぐに命に関わる状況でないことを確認したうえで、最低でも10～15分間流水で冷やす。化学熱傷も同様である。これは直接熱や化学刺激の当たった部分ではなく、その周辺の組織の熱による2次的な変性を予防するためであり、氷水の使用はこの周辺組織の傷害を進行させるので避ける。衣服が取りづらい場所であれば、躊躇せず、衣服の上から水をかける。熱傷は深部到達度によってⅠ度からⅢ度まであり、Ⅰ度は表皮熱傷で発赤だけ、Ⅱ度は真皮部分層熱傷で水泡形成があり、Ⅲ度は真皮全層熱傷で皮膚が白くなったり黒焦げになったりする。Ⅰ度とⅡ度は痛みを伴い、Ⅲ度はすでに疼痛神経終末が破壊されているので、痛みは伴わない。Ⅱ度の水泡はつぶさないようにし、また患部の挙上も重要である。

　Ⅱ度でも体表面積の10％以上（前出）であれば、医療機関の受診が必要である。またこの際は、流水で冷やすと低体温になることがあるので、その処置をせずに救急車を要請した方がいいと思われる。緊急度評価で見た目、バイタルサインが不安定な状態のときはもとより、顔面の熱傷、とくに「鼻毛が焦げている」「声がかすれている」「口のなかにすすがある」などは気道熱傷を疑う。気道が腫れることで呼吸困難に陥る可能性を秘めているので、一見状態が落ち着いているようでも、救急車で医療機関に搬送する。

11　中毒・服毒・誤飲

以下の場合の対応を考えてみよう。

> 　中学3年の理科の授業中、希塩酸と硫化鉄から気体ガスを作る実験をしていた。冬の寒い日で実験室は閉め切っていた。腐った卵のような異臭がして、数人が頭痛と吐き気を訴えた。

> 　高校3年生の男子数人が、文化祭の準備でラッカースプレーを用いて作業していた。全員が頭痛、めまい、吐き気を起こして保健室に来室した。

> 　高校2年生の女子。吐き気と嘔吐が出現し、2時間目の休み時間に保健室に来室した。家庭環境が複雑で、学校を休みがちだった。何か言いたげで落ち着きがなく、意を決して「力になりたいから何があったか教えて」と問うと、2日前に家にあった解熱鎮痛薬を大量に飲んだという。

　第1と第2の事例はガス体の吸引によるもので、救助者がガス体を吸引して2次災害を起こさないように救助責任者を制限し、教室の窓を開け放つようにしたうえで、傷病者を新鮮な空気中へ搬出する。第1の事例は硫化水素による急性中毒で、人体はこれを解毒できる手段をもたないので逃げるしかない。最近は自殺目的で使用され、社会問題化している物質でもある。第2の事例はトルエン、キシレンなどの塗装用の揮発性有機溶媒による急性中毒（いわゆるシンナー中毒）である。この事例は急性だが、故意に低濃度で持続的に吸入すると慢性中毒になり、麻痺や歩行障害が出る。第3の事例は自殺企図であり、市販の解熱鎮痛薬であるアセトアミノフェンを大量に服薬したものだが、24時間は無症状で、学校で症状が出現したケースだ。アセトアミノフェンは服用量により、遅発型の肝不全で死亡する可能性がある。実際の事例では睡眠薬の大量服薬が多いが、これが学校現場で発覚することはないだろう。
　傷病者に対しておこなうべきことは、迅速な緊急度評価と救急車要請または医療機関受診の手配、聞き取りによる中毒物質の同定、そして中毒センタ

ーへ連絡して応急処置を確認する、の3つである。

※中毒物質が液体である場合、酸やアルカリであることも考慮して救助者は手袋を付けて傷病者の排泄物や汚染された衣服を取り扱う。最近問題になった中国産加工食品の有害物質混入や農薬空中散布による中毒など、テロや流通ルートに基づく集団発生に対して、各現場で2次災害（救助者が傷病者になること）を防ぐためのマニュアルを作っておくべきである。

中毒情報ウェブサイト、ホットライン

「公益財団法人 日本中毒情報センター」（www.j-poison-ic.or.jp/homepage.nsf）
大阪中毒110番：TEL072-727-2499　　つくば中毒110番：TEL029-852-9999

12　外傷以外の四肢の痛み

> 8歳の男児。右膝の痛みを訴えて保健室に来室した。すでに1カ月前から、膝の痛みが出たり治ったりしている。今日は朝から歩くと痛かったが、がまんしていた。午前の終わりに痛みで右足をひきずるようになり、ついには歩けなくなった。熱はない。右膝も腫れたり赤くなったりはしていないようだ。座っていれば痛みはなく、全身状態はいい。どのようにアプローチしますか？

「熱がない」「右膝の痛み」「跛行」ということだが、必ず股関節を動かしてみることが大事である。大腿部の痛みや膝の痛みを訴えているのに、その部位に圧痛・発赤・腫脹などの徴候を認めない場合には、痛みの場所が実は股関節で、痛みが大腿部や膝に放散しているのが特徴である。股関節を動かしたとき、全方向に痛みを訴えて動かせないとすれば、この年齢ではまずペルテス病（レッグ・カルペ・ペルテス病）を考える。原因不明の虚血性大腿骨頭骨壊死で、数年の経過で自然治癒するものの股関節の可動域制限や痛みで日

常生活の制限を余儀なくされる場合がある。救急車要請の必要はないが、整形外科への受診を速やかに準備する。同じような訴えで思春期前の年長児（10〜12歳）によく生じるのが、大腿骨頭すべり症である。大腿骨頭の成長板の軟骨部分で大腿骨頭がずれてしまい、関節の安定が悪くなって痛みで歩けなくなる。通常片側の病変で、3分の2に肥満があり、男児に多いのが特徴である。ペルテス病と同じく、鼠径部・大腿部・膝の痛みが主訴であり、診断がついていない場合が多いが、ペルテス病と同様、早期診断・早期治療することで、のちの機能回復の可能性が格段に高まる。早期診断は、膝の痛みの訴えで保健室に来たとき、股関節の病変を疑って股関節を全方向に動かしてみることができるかどうかにかかっている。

※熱が38.0℃以上あって、明らかに1カ所の四肢の関節や骨に腫れと熱感があれば、細菌による化膿性関節炎や骨髄炎であり、救急車を要請する必要はないが、1時間以内に医療機関を受診できるように準備しなければならない。

> 13歳の男子中学生。バスケットボール部でエース級の選手として部活動に活発に参加している。部活動を始めて8カ月、シュートの練習をしているときに突然膝の下に痛みを感じ、保健室に来室した。膝蓋骨の下の部分が腫れていて熱感もある。どう対応しますか？

典型的なオスグッド-シュラッター病である。もちろん整形外科を受診させて指示を仰ぐが、痛みと腫れがよくなるまで部活動を完全に休ませる必要がある。さまざまなスポーツでジャンプや屈伸をして下肢を伸ばすときに、大腿四頭筋が付着している脛骨粗面（膝の下のすねの骨の盛り上がりの部分）が強く引っ張られる。成長期のこの部分にはまだ成長軟骨があり、オスグッド-シュラッター病はそこに過度の進展が加わって炎症を起こす現象である。小学校の高学年から中学生で、バスケット・サッカー・陸上競技の選手、またバレーを習っている子どもなど、ジャンプや屈伸をすることが多い子どもに起こりやすい。周囲はしばしば「スポーツ選手はケガをするものだ」程度に思っているが、本人は大変痛くて苦しいことが多い。早期に診断し、運動

をいったん完全にやめることによって回復するが、中途半端に運動を続けると慢性化して膝を固定したり、ときには手術しなければならないこともある。そこで整形外科専門医に受診させ、具体的な方針を決めたうえで、本人と保護者、部活動顧問、コーチなどとよく相談し、スポーツの完全休止が科学的根拠を伴った何よりの回復への近道であることを説明する必要がある。

13　心臓疾患

> 7歳男児。管理表から、ファロー四徴症という先天性チアノーゼ性心疾患で、1歳半のときに根治術を受けたことがわかっている。とても元気で、活動制限も全くなかった。3時間目の授業中、「うっ」とうなったかと思うと椅子から床に転げ落ちた。呼びかけに応じず、動かず、呼吸運動もない。処置のステップは？

「もともと診断され治療されている先天性心疾患がある」「突然倒れるのを目撃された」「呼びかけに反応がない」「動かない」「呼吸運動もない」の5つのキーワードから、心臓が原因である可能性の高い心肺停止状態である。前述のように助けを呼び、救急車を要請するとともにAEDを持ってきてもらい、その間30：2で胸骨圧迫と人工呼吸をおこなう。このようにすべての先天性心疾患では、手術を待っている子ども、術後何年もたって元気な子どもの分け隔てなく、心肺停止を起こす可能性がある。早期にAEDで対応すれば救命可能な心室細動や心室頻拍を生じている可能性が高い。こうした突然死の可能性がある心疾患として、先天性心疾患以外にQT延長症候群、ブルガダ症候群、カテコラミン誘発性多型性心室頻拍、心筋症（拡張型、肥大型、たこつぼ型）、原発性肺高血圧症、川崎病の既往などがあり、たこつぼ型心筋症（災害など強いストレスで一時的に生じるもの）以外は学校検診での心電図異常をきっかけに診断のついているものが多いので、一度学校生活指導管理表で診断名を確認するとともに、主治医と情報を共有しておく必要がある。

> 14歳男子。過去に総肺静脈還流異常症という先天性心疾患の根治術を受け、調子はよかったが、最近元気がなく、教室移動で階段を上ったときに息切れするようになった。前に一度、一瞬だけ意識が遠のいたこともある。その日も階段を上ったところで苦しくなり、保健室に来室した。一見して顔色は不良で、脈拍は38〜40／分である。どう対応しますか？

心臓病の手術の既往があり、心臓の疾患がある可能性を考慮して緊急度評価する。この事例では脈が60未満なので脈が遅すぎる（徐脈）。元気な運動部員なら、安静時の心拍数40台でも病気ではない可能性が高いが（スポーツ心臓などという）、活動性低下、顔色不良、労作時易疲労感、失神と思われる病歴から、房室ブロックという徐脈性不整脈を考える。失神や心肺停止などの急変もありうるので、救急車を要請する。

> 7歳女児。既往歴はなく、午前中まで全く元気だった。給食後に突然どきどきしてお腹が痛いと保健室に来室した。受け答えもはっきりしていて、不安がってもいない。努力呼吸もなく、顔色、四肢の皮膚色もいい。バイタルサインは呼吸数20、血圧100/60、心拍数220、体温36.8℃。痛み、嘔吐や下痢はなく給食も全量摂取した。皮膚と粘膜は乾燥していない。どう対応しますか？

「突然起こり、痛み、脱水、発熱、不安がない」、また「心疾患を含む既往歴もない」――これらのキーワードから発作性上室性頻拍症を考える。胸部の違和感があっても、しばしば腹痛と表現することがある。甲状腺機能亢進症やパニック症候群も考えられるが、もう少し年齢が高い場合が多い。頻脈は医療機関で心電図をとるまで正確な診断がつかないし、失神予防のための治療も急ぐので、呼吸困難、末梢循環が悪く血圧が80未満など、バイタルサインが不安定な場合はもとより、緊急度評価がこの事例のように落ち着いていても、これが初めてでなく保護者が主治医から対応を指導されているのでなければ救急車を要請する。

発作性上室性頻拍症、あるいはWPW症候群と診断がすでについている場合で、専門医から息こらえの方法を習っている場合はそれをさせるか、またはストローを準備し、端を折って閉塞させ、反対の端を加えさせて息が漏れないように思いっきり吹かせる（迷走神経刺激）と元に戻る可能性がある。

> 16歳の生来健康な男子高校生。2、3日前から風邪を引いて軽い咳、鼻水があった。微熱があり、体がだるかったが登校した。昼前から呼吸が苦しくなり、保健室に来室した。会話もままならない。横になるよう指示したが、余計に苦しくなるとのこと。入室時に腹痛を訴え、3回嘔吐があった。ときどき苦しそうに唸りながら呼吸し、咳をしたときにピンク色の痰が出た。とにかく顔色が悪い。四肢の色も悪く、冷や汗をかいている。聴診すると、呼吸音では吸気時にプツプツと雑音が聞こえる。心音は聞こえにくいが、馬が走るような音に聞こえる。観察すると手足は冷たく、まだら模様（網状斑）が出ている。血圧は80/60、脈拍140、呼吸数36、体温37.3℃だった。どう対応しますか？

「起座呼吸」「唸り（呻吟）」「極端な顔色不良」「四肢の冷や汗と網状斑」「ピンク色の痰」「吸気時の雑音（ラ音）」「心音で馬が走るような音」「既往がない」などのキーワードから、ウイルス感染症に引き続いて起こった心筋炎を疑う。この事例では血圧は保たれているもののショックに陥っている。心臓が肺の血を吸い込めないために肺水腫になり、起座呼吸、呻吟、ラ音の聴取、ピンク色の痰も認められる。ただし、これだけ症状がそろっていることはあまりなく、腹痛や嘔吐などの消化器症状（胸痛を訴えることもあるが、上腹部痛が多い）、極端に悪い顔色、著明な努力呼吸、冷たい四肢などから具合が悪いことはわかるが、「何が起こったのかよくわからない」といった発症の仕方がむしろ多いと思われる。心筋炎は短時間で意識障害、けいれん、心肺停止などを起こす可能性があり、大急ぎで救急車を要請し、大変急いでいる旨を伝え、AEDも手元に準備する。

※ここに挙げたすべての心臓疾患は、失神発作（後述）で発症することがあり、心臓疾患を原因とする失神は心肺停止による突然死の前兆として、大変

危険なサインであることを覚えておく必要がある。

参考文献

立野滋／丹羽公一郎「6．不整脈」「第Ⅵ章　小児の主な救急疾患」、前掲『救急医療の基本と実際』所収、244—249ページ
渡部誠一「7．心筋炎」、同書所収、250—253ページ

14　失神・けいれん・意識障害

> 14歳の女子中学生。夏休み前の全体集会で蒸し暑い体育館に立って話を聞いているときに、突然前のめりに倒れた。数人で担ぎ出そうとすると、すぐ意識が戻ったが、そのまま保健室に運んだ。どう対応しますか？

「中学生」「蒸し暑い体育館」「一定時間の立位」「すぐ意識が戻ったか」などのキーワードから、血管迷走神経失神と呼ばれるもので、背景に起立性調節障害（Orthostatic Dysregulation：OD）がある可能性もある。失神は「一過性に意識消失発作と筋肉の脱力で姿勢保持ができなくなり、転倒した後に、自然に、かつ完全に意識の回復が速やかに（多くは1分以内）みられるもの」とされている。この血管迷走神経失神は失神で最も多く、立位で血圧を維持する自律神経のうち、交感神経の機能の一時的な破綻で迷走神経が優位になることによって徐脈と低血圧が起きて転倒するが、仰臥位になると低血圧が改善してすぐ意識を回復する。長時間の立位以外にも、恐怖・疼痛・疲労、蒸し暑い環境、またストレスが強い場合には座位でも起こることがあり、転倒した直後に短くピクピクと筋肉がけいれんを起こすことも稀ではない。したがって、むやみに頭を起こさずに両下肢を上げるようにし、仰臥位を保ったまま担架で運び出し、同様の姿勢を保健室でも保つのがいい。また、失神では本人は受け身をとることができないので、頭部や顔面の外傷を受けや

すいので、外傷の有無の確認が必要である。完全に覚醒したら、初めての失神の場合、また2度目以降であっても医療機関で診断がついていない場合は、医療機関を必ず受診させ、失神の原因、とくに心臓疾患の有無、さらに起立性低血圧の検査（起立血圧試験）をおこなってODの有無を確認する必要がある。

※失神では心臓疾患とODを否定できれば、害のない血管迷走神経失神と判断していいと思う。ただし「心臓疾患」の項で述べたように、心肺停止を起こす心臓疾患はすべて、前兆として失神のエピソードが高率にみられ、失神は突然死の前兆でもある。そのため、必ず医師の診断と治療につなぎ、学校では、心肺停止時対応について学校管理者・保護者・担任および養護教諭が情報を共有しておくべきである。

　またODは日本でその存在を指摘され、最近になってようやく国際的に認知されてきた。小学校高学年から中高生にかけて急増する女児に多い起立性低血圧で、頻度は5％から10％にも及ぶとされる。立ちくらみやめまい、朝起きられないなどの不定愁訴を背景に、ひどい場合はこの事例のように失神を繰り返すことがある。医療機関に早期に相談し、水分の摂取（1日1.5リットル以上）、塩分10〜12グラム／日、下半身圧迫装具、ミドドリンなどの昇圧剤を用いた薬物療法などをおこない、昼夜逆転の生活などにならないように努める。一方で家族全体の生活の見直し、うつなどの精神心理要因にも目を向け、不登校に陥らないような介入が必要である。稀にヒステリーに伴う失神発作もあるが、この場合通常後ろ向きに受け身をしながら倒れるので頭部外傷を生じることはなく、周囲が騒ぐと繰り返して失神してみせるなどの特徴がある。ヒステリーも本人は苦しいので、すぐに医療機関につなげる必要がある。

参考文献

循環器病の診断と治療に関するガイドライン合同研究班「失神の診断・治療ガイドライン」（Circulation Journal 71 Suppl IV）、日本循環器学会、1103—1113ページ（http://www.j-circ.or.jp/guideline/pdf/JCS2007_inoue_d.pdf）

田中英高「起立性調節障害」「日本小児心身医学会」（http://www.jisinsin.jp/detail/01-tanaka.htm）

> 17歳の高校生女子。担任教諭に強く注意された後突然床に倒れ込み、動かなくなった。驚いて近づき、声を２、３度かけると正気に戻ったようだが、呼吸困難と手のしびれを訴える。顔面蒼白で冷や汗も著明で、浅く速い呼吸をしていて、両手とも指が突っ張っている。どう対応しますか？

「高校生」「倒れた」「呼吸困難と手のしびれ」「浅く速い呼吸」「突っ張った指」のキーワードから過換気症候群である。過呼吸のために呼気に二酸化炭素が多く出て血液中の二酸化炭素濃度が下がりすぎ、それによって脳血流が一時的に低下し、失神や意識障害を生じることがあるが、基本的には自然回復する。以前はペーパーバッグ再呼吸法を必ず用いていたが、最近は「低酸素になる」として反対する専門家もいるので、まず「大丈夫、必ず治る」と声かけして安心させる、「ゆっくりお腹をふくらませるように呼吸して」と腹式呼吸させる、の２点を実行して、自然軽快を待つのがいいだろう。これでだめなら、「必ず治る」と励ましながら、紙袋を用いた再呼吸法を実施する。呼吸困難を増悪させないため、口元から少し離しておこなうのがコツである。しかし、無効時にはすぐに中止するべきである。30分待ってもよくならないとき、失神で終わらず意識障害が出てくるときは、他の疾患も考えて救急搬送する。

参考文献

小柳憲司「過換気症候群」「日本小児心身医学会」（http://www.jisinsin.jp/detail/04-koyanagi.htm）

> 10歳男児。１型糖尿病と診断されていて、普段インスリンの自己注射をおこなっている。２時間目の体育の終了後、３時間目の算数の授業が始まってすぐ、生あくびを連発した後、机にうつぶせになってしまい、

声をかけても起きない。どう対応しますか？

　糖尿病の子が失神、ひいては意識障害というと、まず低血糖を考える。意識障害があるので、本人持参のブドウ糖か上白糖を大さじ1杯分ほど、またははちみつを下口唇と歯肉の間に塗りつけながら、保護者と主治医に連絡する。この事例の場合、砂糖を口唇と歯肉の間に塗ったところ、すぐ意識を回復した。後で様子を尋ねると、「朝から気分が悪く、インスリンを注射してから朝食をとったがあまり食べられなかった」とのことだった。低血糖は失神、けいれん、意識障害のいずれの原因にもなる。前ぶれとして手の震え、冷や汗、生あくび、顔色不良などが起こる。この段階で気づいたら、ブドウ糖10～20グラムかスポーツドリンク100～200ミリリットルを摂取させる。この事例のように意識レベルが悪い場合は、誤嚥するおそれがあるので、液体を飲ませてはならない。

※本人が低血糖の際の対策を医師から指導されていて、紙に書いて持っていることがわかっていれば、その指示に従う。そのなかで医師からグルカゴン皮下注射を処方されている場合は、救命のために現場でその指示どおりに注射することが許可されている。しかし学校の現場では意識障害の原因が低血糖なのか高血糖なのか区別がつかないこともある。血糖が測定できない学校現場の場合、上白糖やはちみつを口腔粘膜に投与することは差し支えないが、グルカゴン皮下注射については血糖が測れる近くの医院・診療所などと常々情報を共有しておき、すぐ血糖を測ってもらって、意識障害の原因が低血糖なのか高血糖なのかを見極めてからの方が安全である。

参考文献

「第6章　救急処置の実際（7）低血糖に対して」、永井利三郎／荒木田美香子／池添志乃／石原昌江／津島ひろ江編『初心者のためのフィジカルアセスメント――救急保健管理と保健指導』所収、東山書房、2008年、193ページ

15歳男子中学生。午後最後の授業が終わった直後に椅子から床に転

倒し、両手足をつっぱり、その後、手足をリズミカルにガクガクと動かした。10分足らずで保健室に運び込む頃には止まり、10分ほど眠った後に目が覚めた。熱はない。覚醒した後は軽い頭痛を訴えるが、受け答えは普通どおりである。どう対応しますか？

「無熱性のけいれん」「発作後の眠り」「その後の覚醒」「午後のほっとする時間帯のエピソード」というキーワードから「覚醒時大発作てんかん」にあてはまる発作である。このてんかんは起床後2時間以内に起きるケースが最も多いが、次に多いのが午後から夕刻のリラックスする時間帯である。すでに覚醒しているので救急車を呼ぶ必要はないが、ただちに医療機関を受診させる。頭蓋内病変など、比較的緊急性を有する病気を否定するためである。また、上記の診断がついている子どもがこのような発作を起こした場合、睡眠不足、疲労の蓄積、発熱を伴う上気道炎や胃腸炎での体調の悪化、怠薬（断薬すると高率に再発するので怠薬は常に念頭におく）などが考えられる。

13歳男子中学生。登校直後、1時間目の授業を待っているときに左右の腕全体をピクン、ピクンと動かし始め、自分で止めることはできないようだったが、自然におさまった。1カ月前から家で登校の準備中、また学校に着いた直後に、週2、3回程度このようなことがあり、最近増えてきたので心配になって保健室を受診した。倒れたことはない。どう対応しますか？

「無熱」「意識はあって倒れない」「上肢の筋の速い攣縮」のキーワードから、「若年ミオクロニーてんかん」の可能性が高い。注意すべきは、90％以上の確率で大発作を併発する可能性があり、転倒して頭部外傷を起こす危険性があることだ。早めの、できれば数日以内の医療機関への受診を勧める。治療への反応は良好だが、覚醒時大発作てんかんと同様、断薬で再発する。診断がついていて発作を起こした場合は、怠薬を考え、すぐ医療機関につなぐ。

7歳の女児。友達と消しゴムのかすを吹いて飛ばす遊びをしていたら、急に眼が座った感じで空を見つめ、呼びかけに反応しなくなったが、十

> 数秒ですぐ元通りになり、引き続いて遊んでいた。倒れないし、発作の後眠ったりしない。本人はあまり異変に気づいておらず、周りの子が心配している。どう対応しますか？

「小学校の低学年」「短時間の過呼吸に誘発される短時間の意識消失」「倒れない」というキーワードから「小児欠神発作」である。発作が一日に数回から十数回に及ぶこともある。周囲の子どもが知らせてくれる場合はいいが、教諭側には知らされず、「ときどき意識がとぶ変な子」といじめの対象になっている場合があり、また、診断がつかないままに活動性が低下して、「にぶい子」と教諭側も間違った評価をしている場合もある。治療に対する反応は良好で、治療開始後短期間でとても活発で利発な子（本来のその子）に変わって驚くことがある。前例と同じで、数日以内の医療機関の受診が望ましい。

> 9歳の男児。突然転倒し、歯をくいしばり、左右の手足をつっぱったまま、両眼が上転して右方への一点凝視となった。四肢を硬直したまま全身チアノーゼが出現し、呼吸も不規則になった。観察して5分以上経過したが、改善傾向はないようだ。どう対応しますか？

15分以上続くけいれんを「けいれん重積状態」といい、生命の危急事態である。成書には「学校現場では5分以上続くけいれんは救急車を要請してください」とよく書かれているが、けいれんする子どもを前にしての5分は恐ろしく長く感じる。実際には1、2分観察して、けいれんが止まりそうになければ救急車を要請していいと思う。衣服を緩め、嘔吐があるときは横を向かせて誤嚥を予防する。見えている吐物があれば、手袋をして拭き取る。舌を噛んでも噛み切ることはないので、はしやスプーンを歯と歯の間にこじ入れる必要はない。むしろこれはその子にとっても救助者にとっても危険なので決してやってはならない。救急車を待っている間もけいれんが続き、チアノーゼが出ている場合、きちんと胸が挙がる自発呼吸が確認できなければ、頭部後屈・下顎挙上をおこなったうえで前出のポケットマスクによる人工呼吸（3秒に1回の息吹き込み）による人工呼吸をおこなう。この場合1秒で息

を吹き込み、2秒は挙がった胸が元に戻るのを待つようにする。けいれんによるチアノーゼは呼吸の不規則さ、不十分さから生じる。体動があるかぎり心臓は止まっていないので、呼吸の補助に集中するべきである。

参考文献

「小児神経Q&A　Q25」「日本小児神経学会」(http://child-neuro-jp.org/visitor/qa2/a25.html)

「第4章　小児・思春期のてんかんと治療」「てんかん治療ガイドライン2010」「日本神経学会」(http://www.neurology-jp.org/guidelinem/epgl/sinkei_epgl_2010_05.pdf)

> 11歳女児。インフルエンザが流行している2月、昼前に急に寒気がして保健室に来室した。熱を測ると39.4℃である。保護者に連絡し、迎えにきてもらう用意をしていたところ、「こわい、何かみえる、こわい」と両手で空をつかむ動作をした。呼びかけには応じるが受け答えはおかしい。どう対応しますか？

「学童」「インフルエンザの流行期」「39度台の発熱」「意識レベルの変化」のキーワードから、インフルエンザウイルス感染症による「熱せん妄」、もしくは「インフルエンザ脳症」の初期症状が最も疑われる。急速に容態が悪化することがあるので、急いで救急車を要請する。インフルエンザウイルスは脳にストレスを与える代表的なウイルスで、「熱せん妄」や「インフルエンザ脳症」を起こすことがよく知られている。熱せん妄は高熱に加えて、一時的で短い意識レベル変容・精神運動興奮・幻覚・錯乱を生じるものの、すみやかに回復する。一方、インフルエンザ脳症は、熱せん妄のような状態からけいれん重積状態に、また意識障害が傾眠状態から昏睡状態に急激に発展する。インフルエンザ脳症ではウイルスは脳にいないが、インフルエンザウイルスが体内に入ったことによって宿主が過剰な全身性の炎症反応を起こし、その一つとして脳の著明な腫れを呈するものである。経過が大変重篤なことから、わが国では厚生労働省の研究班で治療の研究が進み、早期治療で神経学的な後遺症を減らす努力がなされて一定の成果が出ている。したがって救

命救急センターへの迅速な搬送が鍵となる。

※インフルエンザウイルス感染症はいわゆる「単なる風邪」ではない。健常者でも突然高熱が出て4、5日続き、脳症以外にも肺炎、筋炎、心筋炎、末梢神経炎など多くの合併症を生じる。学校感染症の第二種に指定されていて、熱発する2、3日前から鼻水や軽い関節痛などがみられるが、この時期から飛沫感染が生じ、感染者の1メートル以内に近づくと咳やくしゃみを通してウイルスが伝播する。担任教諭から生徒に伝播することも稀ではない。流行期には38.0℃以上の熱が出た子どもや教諭の出校停止・早退を徹底し、上気道炎症状がある子どもや教諭にはマスクをさせる。ただし、マスクは感染源の可能性のある者がウイルスをまき散らすのを防止する効果、前鼻部の湿度と表面温度を保つことによって付着したインフルエンザウイルスの増殖を抑制する効果、ある程度のウイルス飛沫からの防護の効果はあるが、ウイルス感染を完全に防げるものではない。むしろ手洗いとうがいを学校全体で励行することが、感染を予防するうえで最も有効である。インフルエンザワクチンは完全に発症を予防する効果は20%から40%だが、重症化予防には80%以上の効果を発揮する。学校全体でワクチン接種率向上に取り組めば、罹患者が減って当然脳症の発症も大幅に減少し、重症化してハンディキャップを負う子どもの増加も防げる。また、インフルエンザウイルスは毎年変異するので、ワクチンは、初回は1カ月空けて2回、その後は毎年最低1回受けなければならない。

参考文献

厚生労働省インフルエンザ脳症研究班「インフルエンザ脳症ガイドライン改訂版」
　　（http://www.tokyo-med.ac.jp/pediat/data/info0925-01.pdf）
厚生労働省「インフルエンザ対策」（http://www.mhlw.go.jp/seisakunitsuite/bunya/kenkou_iryou/kenkou/kekkaku-kansenshou/infulenza/index.html）
「小児神経Q&A　Q3」、前掲「日本小児神経学会」ウェブサイト

> 16歳の高校1年生の男子。野球部員で寄宿舎生活を送っている。ガタガタと震え、強い頭痛、嘔吐があり、抱えられて保健室に来室した。

> ぐったりとして目を閉じていて、努力呼吸はないが、顔色・四肢の色は不良だった。体温39.4℃、血圧120/80、呼吸数25、心拍数180であった。四肢末梢は冷たい。名前で呼びかけると目を開くが、頭痛を訴えてはすぐ眠ってしまう。ベッドに移す際、頸部を保持したところ、後頸部が非常に硬く緊張していた。この日、同じ症状による保健室来室が3人いて、いずれも同じ寄宿舎の野球部員である。どうしますか？

「発熱」「強い頭痛」「嘔吐」「同じ寄宿舎の野球部員に同症状」「後頸部が硬い（項部硬直）」「傾眠傾向」といったキーワードから、髄膜炎を強く疑う。髄膜炎で圧倒的に頻度が高いのはウイルス性の無菌性髄膜炎だが、この事例は傾眠傾向（意識障害）があるので、ウイルス性なら脳炎の合併を、また細菌性髄膜炎の可能性も考える必要があり、ただちに救急車を呼ぶ。

　前者は夏場に多く、大流行することもある。入院が必要だが通常は数日の自然経過で軽快治癒する。感染管理のテクニックは手袋とマスクの着用、汚物とリネンを分けての処理、消毒など「感染性胃腸炎」の事例で述べたとおりである。

　後者は頻度は少ないが、重篤な経過をたどり、死亡例や難聴・麻痺・意識障害などの後遺症を残すこともあり、早期の診断と適切な抗菌薬使用が必要である。最近わが国でも注目されてきているのが髄膜炎菌性髄膜炎（流行性脳脊髄膜炎）で、2011年5月に宮崎県の高校で集団発生し、死亡例も出た。乳児と15歳から19歳に発症のピークがあり、髄膜炎単独型と劇症敗血症型があり、後者は急激な経過で死亡につながる。諸外国に比べて日本ではまだ保菌者は少ないとされ、全国の発症数も10例から20例と欧米に比べればかなり少なく、ワクチンも導入されていない。ただし、すでに欧米では宿舎生活、合宿など人と人とがより接近して生活する環境下で集団発生するケースが多数報告されていて、ワクチン接種や事例発生前4日以内の接触者の抗菌薬予防内服など、感染の拡大防止対策がとられている。寄宿舎をもつ学校は、この病気の発生の可能性を頭の片隅に入れておく必要がある。本症は感染症法で五類感染症全数把握疾患に定められていて、診断した医師は7日以内に最寄りの保健所に届け出る義務がある。

参考文献

宮崎県「髄膜炎菌性髄膜炎に関する情報提供について」(http://www.pref.miyazaki.lg.jp/contents/org/fukushi/kenko/dissemination/page00142.html)、2011年
横浜市衛生研究所「髄膜炎菌性髄膜炎について」(http://www.city.yokohama.lg.jp/kenko/eiken/idsc/disease/mening1.html)、2011年
細菌性髄膜炎の診療ガイドライン作成委員会「細菌性髄膜炎の診療ガイドライン」45—53ページ (http://www.neuroinfection.jp/pdf/guideline101.pdf)、2007年
「国立感染症研究所感染症情報センター」(http://idsc.nih.go.jp/idwr/kansen/k05/k05_20/k05_20.html)、2005年

> 14歳の女児。吹奏楽部でオーボエの練習をしているときに、突然倒れてけいれんした。その後、右半身を動かしにくそうにし、ろれつがまわらない状態が30分くらい続いて消失した。以前にもクラスの友達と大はしゃぎしたときに、倒れなかったが一瞬意識が遠のいて、右半身が動きにくくなり、ろれつがまわらないことがあった。どういったことが考えられますか？

「楽器の練習中」「大はしゃぎしたとき」「意識消失」「けいれん」「右半身麻痺」「ろれつがまわらない」「一時的な現象」などのキーワードから、わが国での若年性脳卒中の代表的な疾患である「もやもや病（ウイリス動脈輪閉塞症）」が考えられる。もちろん救急車を要請する。もやもや病は日本を含む東アジアに多い病気で、発症年齢に5〜10歳と30〜40歳の2つのピークがある。原因不明で脳底動脈（脳の中で心臓に近い側の脳の根元の動脈）が閉塞するため、迂回路である側副血行路が発達し、これが脳血管撮影でもやもやと見えることからこう呼ばれている。熱いものを吹き冷ましたり、楽器の練習、運動や興奮によって過呼吸になると血中の二酸化炭素が減り、脳の動脈が収縮し、ただでさえ悪くなりがちな脳血流を減少させるため、一過性脳虚血発作（脳梗塞の前兆症状）で失神、意識障害、けいれん、麻痺、ろれつ難などを起こす。閉塞部を迂回するしっかりした血行路を作る手術をすると、症状を軽減させ、進行を遅らせることができる。発症から時間がたてばたつほど虚血発作を繰り返すようになり、精神発達遅滞が出現・進行することも

あるので、早期発見が鍵となる。

15　頭痛

> 9歳の男児。2週間前から朝起きると頭痛で顔をしかめ、吐くようになり、しばしば学校に遅刻してくるようになった。吐くとすっきりするようだったので、周囲は様子をみていた。ある日、登校してから頭痛とともに吐き、保健室に来室した。担任の話によると、もともと活発な子だったが何となく活気が乏しくなってきて、いつもではないが歩行時にふらついていることがあり、給食も残すことが多くなったとのこと。家族も心配して何度か医療機関に受診させているが、外来で経過観察中ということだった。医療機関に連絡しますか？

「朝に頭痛があり嘔吐する」「活気がない」「歩行時のふらつき」「2週間の経過で活気のなさがゆっくり進行」というキーワードから、一度は脳腫瘍の存在を疑った方がいいだろう。脳腫瘍は小児の固形腫瘍のなかで最も多いことを知っておくべきである。腫瘍の増大で急性水頭症から意識障害に発展し、脳神経外科で脳室ドレナージという緊急手術を受ける必要が生じることもある。

　この事例の場合、すぐに保護者と医療機関に連絡し、なるべくその日のうちに医療機関を受診してもらう。腫瘍増大による頭痛は脳圧亢進症状の一つだが、しばしば日々の症状に差があるためか、学期はじめの不定愁訴的な印象をもたれがちで、さらに活気低下や受け答えの鈍さなどから、さぼっていると誤解されたり、いじめにあっている事例さえ報告されている。この事例の最終診断は異所性胚細胞腫という脳腫瘍だった。養護教諭が脳腫瘍の可能性はないかと保護者と相談し、医療機関を臨時で受診して診断に至った。画像診断をおこなったところ、水頭症を生じていたので緊急手術となった。

※慢性頭痛で最も頻度の高いのは偏頭痛である。したがって、頭痛の家族歴

があり、麻痺・脱力・不随意運動などなければ、まず偏頭痛ということになる。一方、頭痛が続き、活気がない、嘔吐を伴う、性格変化、学力低下、歩行障害、四肢の脱力、視力視野障害などの随伴症状があれば脳腫瘍を一度は疑うべきだ。慢性副鼻腔炎からの慢性頭痛もあるが、通常、この頭痛は軽度で、全身状態が変化することはない。

> 14歳中学生女子。突然の強い頭痛で保健室に来室した。目の前が暗くなってよく見えないという。表情は苦しそうだが、呼吸状態や顔色はよい。ただ、顔面はぼってりと腫れた感じである。バイタルサインでは血圧170/110であり、再検しても同じである。2、3日前から尿が濃い紅茶のような色とのこと。どうしますか？

「突然の強い頭痛」「視力視野障害」「顔面浮腫」「高血圧」「濃い紅茶色の尿」のキーワードから、溶連菌感染後急性糸球体腎炎による高血圧緊急症である。強い頭痛は高血圧性脳症でけいれんを起こす前兆であることが多く、すぐ救急車を要請する。溶連菌感染後の急性糸球体腎炎は数こそ減ったものの、稀ではない。完全治癒が期待できる小児の腎疾患だが、発症してまもなくの高血圧性緊急症や高カリウム血症では重篤になることがあり、降圧薬・利尿薬などの静脈内投与など、専門病院での緊急治療を要する。

※このように、突然の激しい頭痛の場合は緊急の場合が多い。高血圧緊急症の他に、脳動静脈奇形からの出血、中毒、熱中症などの可能性もある。

16　学校感染症

> 14歳男子中学生。「腹部と背部にかゆみを伴うブツブツがある」といって保健室に来室した。全身状態はよく、発熱はない。さっそく見てみると、中心部に臍のある直径2、3ミリ程度の水疱疹が腹部・背部にそれぞれ十数個ずつある。どう対応しますか？

体幹部から始まるかゆみを伴う水疱疹ということで、水痘をまず考える。よく見ると、頭髪にかくれて頭皮にも発疹があった。これでほぼ診断は確定する。水痘は空気感染、すなわち罹患者がいると風が吹いても感染する。即刻早退させ、医療機関を受診させる。できれば同じ学級の子どもの水痘罹患歴、ワクチン接種歴を保護者に確認したい。心疾患、腎疾患、血液・腫瘍性疾患、呼吸器疾患、内分泌疾患などの慢性疾患の子どもたちだけでなく、13歳以上の水痘罹患も重症化することが知られている。罹患者との接触（同じ学級内、同じ部活動内、教科で同じクラス内など）から5日以内であれば、ワクチンの緊急接種対象になる。また医療機関で抗ウイルス薬の予防内服で発症を抑える措置もとられているので、学校管理者と相談のうえ、医療機関にも連絡をとる。

※わが国では水痘は勧奨接種ではなく任意接種になっているので、市町村からの通知は家庭には来ないし、自費診療となる。そのためワクチン接種率は20％前後と、流行を抑える集団免疫力からはほど遠く、いつでも流行する可能性がある。一方、少子化により幼少時の罹患をすりぬけ、思春期以降に罹患して重症化することがある。諸外国は、かなり以前から国策としてワクチン接種を義務づけている。わが国でも、一刻も早い勧奨接種への移行が望まれる。

参考文献
前掲「第10章 感染症予防」、『学校における養護活動の展開』所収、116ページ

> 　16歳女子高校生。咳が1カ月近く止まらない。「咳が始まると連発して出て授業に集中できない。咳をして吐いてしまった」という訴えで保健室に来室した。あまりにも咳が続いて腹筋の筋肉痛もあるという。熱はない。風邪が長引いているのでしょうか？

　これだけの情報では、「気管支炎」「気管支喘息」などと判断してしまいがちだ。だが本人によく聞いてみても、気管支喘息の既往はない。同居してい

る21歳の大学生の兄にも同様の症状があり、かなり頑固な咳のようである。そこで、可能性として考えなければならないのが、思春期・青年期、若年成人に増加している百日咳だ。乳幼児のそれと違って眼脂、特徴のあるスタカートの咳嗽とチアノーゼなどといった症状は出ないので、診断がつきにくいのが特徴である。病初期なら、マクロライド系の抗菌薬内服で早めに症状が軽減される。百日咳を疑ってみること、早めの医療機関受診が鍵となる。

※乳幼児期に4回の三種混合ワクチン接種をおこなうことで乳幼児の百日咳は減ったが、一方で思春期後半から若年成人の百日咳が増加している。高知大学、香川大学、その他複数の高校での集団発生が報じられた。また、百日咳に罹患した父母からワクチン接種前の乳児に伝染し、無呼吸発作による呼吸不全を起こす事例も増えてきている。これはワクチンによる免疫の効果が年とともに減衰してくることによる。すでに欧米ではこの問題への対応として、2006年から学童期以降の百日咳ワクチンの追加接種をおこなっている。わが国でもいち早い追加接種の導入が望まれる。

参考文献

国立感染症研究所感染症情報センター「百日咳の年別・年齢別割合（2000～2010年第24週）」（http://idsc.nih.go.jp/idwr/douko/2010d/img24/chumoku04.gif）、2011年
国立感染症研究所感染症情報センター「日本の定期／任意予防接種スケジュール（20歳未満）平成23年9月1日以降」（http://idsc.nih.go.jp/vaccine/dschedule/2011/Imm110901JP.gif）
前掲「第10章 感染症予防」116ページ

　　18歳女子高校生。担任にも質問したが、満足できる答えが得られず、保健室に質問に来た。「MRワクチンの通知が来たが、何のために受けなきゃいけないかわかりません。家で母に頼んで母子手帳を出してもらって確認したところ、1歳4カ月で麻疹、風疹ともにワクチンはやっています。子宮頸がんワクチンとかいうのもあって予防接種が増えてますよね。どうしても受けなきゃならないのでしょうか」と。どう答えますか？

MRワクチン接種は積極的に勧めるべきである。2007年に小・中学校、高校、大学で麻疹（はしか）の大流行があり、学級閉鎖・学校閉鎖・長期間の休講など社会問題にもなった。麻疹を「幼少時に罹って治る病気」「昔の病気」などと軽く考えている人がたくさんいるが、麻疹は重症の肺炎・脳炎を併発して死亡したり、重い後遺症を残す恐ろしい病気であり、これは年齢を問わない。さらに風疹については、妊娠可能な年齢の女性が罹ると、先天性風疹症候群という重い奇形をもった子どもが生まれるリスクが高まることがわかっている。麻疹や風疹の直接的な治療法はなく、予防接種こそが最善の治療といえる。

　現在、麻疹と風疹は乳幼児よりも、思春期・青年期・20歳代の成人に発症がシフトしている。これには、①1歳過ぎにおこなう第1回のワクチンでそもそも免疫がつかなかった人がいる、②時間がたって予防接種で得た麻疹への免疫力が減衰して期限切れになってきた、③もともと1歳過ぎにワクチンを受けなかった、の3つの要因がある。このため、国は2006年から1歳過ぎに加えて、就学前1年以内での2回目のMRワクチン接種を開始した。さらに08年から5年間に限り、中学1年生と高校3年生を対象とするMRワクチンの接種を国策として進めている。これらの接種対象者は、1歳過ぎから7歳までの間に一度しか麻疹と風疹の予防接種を受けていないためである。麻疹や風疹は一度発生すると、先述の水痘と同じ空気感染であるため、同室の人が多数感染する可能性がある。伝染力が極めて強いので、抜本的な対策はとにかく予防接種率を上げることしかない。今後は小学校1年生について、入学前に2回目接種が終了しているかどうか、学校の方でも常に啓発活動をおこなっていく必要がある。

参考文献

国立感染症研究所感染症情報センター「麻疹教育啓発ビデオ　はしかから身を守るために」（http://idsc.nih.go.jp/disease/measles/Video/measlesVideo.html）、2008年

国立感染症研究所感染症情報センター「風疹・先天性風疹症候群2011年8月現在」「病原微生物検出情報 IASR」第32号、2011年、250—252ページ

国立感染症研究所感染症情報センター「風疹Q&A」（http://idsc.nih.go.jp/disease/

rubella/041119/041119QA.pdf)、2006年
前掲「第10章 感染症予防」116ページ

17　虐待

> 　9歳の女児。昼食時に「右腕が腫れて動かせない」と訴えて保健室に来室。昨日夜に階段から落ちたとのこと。右肘がかなり腫れていることを確認したが、同時に右上腕の内側に赤・紫・緑・黄色・茶色などの色の交ざったあざがある。ここはどうしたのかと尋ねると、階段から落ちたときに打ったという。口数は少ないが、どこかおどおどした感じ。緊急事態でしょうか？

「昨晩夜に受傷して翌日の昼食時に保健室に来室」「右肘の動かせないほどの腫れ」「右上腕内側に新旧入り交じったあざ」「おどおどした感じ」などのキーワードから、身体的虐待の可能性が強い骨折と皮膚損傷を考える。ただちに学校管理者に報告し、指示を仰ぎながら保護者にも連絡する。その後、保護者に連絡がつく・つかない、保護者の同意が得られる・得られないにかかわらず、本人を医療機関に連れていく。学校長と相談が必要だが、病院に着いた時点で児童相談所にも通報することを提案する。実際に養護教諭がおこなった対応を以下に記す。「他に痛いところはない？」と尋ねると、「ない」と言いながら両大腿部を隠すように閉じているので、「あなたのことを本当に心配しているので隠しているところを見せて」と求めると、しばらく拒んでいたが、やがて観念したように開脚してみせ、大腿部の内側に平手打ちの指の形のあざが見つかった。また耳介項部のあざも見せてくれ、「私が言うことを聞かないと言ってお父さんが叩く。昨日は階段から突き落とされた」と話してくれた。保護者に電話連絡したところ、「学校が終わってから病院に連れていきます」とのことだった。学校管理者に相談し、その後保護者の携帯に再度電話したが応答はない。そこで留守番電話に「手術になるかもしれない骨折が考えられ、校長と相談して直接○○病院に連れていくこと

に決めました。できるだけ早く病院に来てください」と伝言を残し、自家用車で医療機関に本人を連れていった。あらかじめ学校長と打ち合わせしていたとおり、医療機関で「虐待の疑いがあるので、通報をお願いしたい」旨を伝えた。検査の結果、上腕骨顆上骨折と診断され、骨折した骨片が転位していたので緊急手術となった。その他、皮膚損傷の写真も医療機関で撮影した。医療機関からの通報で警察と児童相談所が介入し、アルコール中毒の父親からの身体的虐待と判断された。11歳の兄もよく学校を休んでいて、頬・耳・大腿部にあざがあり、3日前にも頭皮に縫うほどの傷を負って医療機関に受診していたことがわかり、兄妹そろって児童相談所に緊急保護された。後でわかったことだが、父親は母親にも家庭内暴力（DV）を振るっていた。この兄妹は父の暴力から逃れるために、何度も夜に家から抜け出して補導されていたようだ。

※外傷・熱傷で一見軽症そうに見えても、身体的虐待が疑われるときは緊急事態だ。①出血斑、打撲痕（平手打ちの手指の跡、靴跡なども含む）、刺し傷、タバコを押し付けた痕、境界鮮明な左右対称の熱傷などが、上腕や大腿の内側、背中や下着に隠れる部分、口腔粘膜・会陰部など体の内側でやわらかい部分や衣服に隠れる場所にある、②新旧織り交ぜた傷がある、③衛生状態が悪い、などが診断の一助となる。

　ただし、「虐待されている」という訴えが主訴であることは稀なので、本人の不自然な様子に誰かが気づいたら、すぐ担任教諭や養護教諭に連絡できるようにしておく。そのためには普段から生徒への啓発活動や教諭間での意思統一を定期的におこない、また相談し合える環境づくりに努めることが重要である。「まあ今回はいいか」といった妥協は、次回には心肺停止につながるかもしれないのだ。虐待を受けている子どもが別の主訴で保健室に来室したとき、体育の時間の前後の着替えのとき、普段の行動や態度などから何となくおかしいと感じたときに、速やかにその情報を拾い上げられるシステムや報告の機運を校内に作り上げることが子どもの安全確保に寄与する。管理者に相談しながら避難場所としての医療機関へ迅速につなぐことが、生命の危急事態を回避する第一歩となる。さらに、この事例では日常的にDVを目撃しているので、これが心理的虐待に相当することを忘れてはならない。

虐待は、身体的虐待だけではなく、必要な養育を受けさせないネグレクト、性的虐待、心理的虐待などが複数合併することも大きな特徴である。

> 　小学校6年生の12歳女児。「前から股を拡げて痛そうに歩くことがあったが、ここ2週間くらいそれがひどい」と仲のいい友達が心配して、いやがる本人を保健室に連れてきた。その友達には「最初は汁が出て下着がよごれ、かゆかった。おしっこと思ったけど違う。だんだん痛くなって股を開けないと歩けなくなってきた」と話しているという。養護教諭が本人を見ると、どこか年齢不相応の性的ニュアンスを感じた。「ちゃんと治さないといけないから陰部を診察させて」と言うと、顔をこわばらせて頑なに拒んだ。どう行動しますか？

　この事例のポイントは、「股を拡げて歩く」「おりもので下着がよごれる」「年齢不相応の性的ニュアンス」という3つの点から、「子どもの家庭環境に問題があるのでは？」と疑えるかどうかである。ひと昔前の幼児で「おりもので下着がよごれる」という主訴は、砂場で遊んで砂が膣内に入っている場合が多かった。だがいまでは、どの年齢でも性的虐待を疑わなければならなくなっていて、子どもの安全確保に寄与する信念をもって一歩踏み出さなければならない。この事例の場合、まず友達を教室に戻らせ、1対1の環境をつくる。話すときには冷静を保ち、驚き・動揺・怒りを本人に見せないことが大事だ。前の事例と同様、「あなたを守りたいから聞かせてほしい。何があったの？」と切り出し、十分に間をとって、「そしてそれをやったのは誰？」と勇気をもって聞いてみることだ。また、「誰にも言わないから話して」というのは、結局、後で児童相談所や警察、加害者でない親などが本人の事情を知ることになるので、本人にとっては裏切られる結果となり、その後の打ち明け（開示）に問題が生じる。このことは識者の見解として一致している。そのうえでできれば陰部を視診し、状態を把握する。ここまでで本人が開示してくれた場合はもちろん、そうでない場合でも、子どもの安全を第一に考えて学校管理者と対応を相談する。保護者に連絡してその日のうちに医療機関に受診させることができればいいが、保護者が協力的でない場合は「状態が悪いのでともかく病院に学校から連れていきます」と伝える。連絡

がつかない場合はとりあえず本人を病院に連れていき、医療スタッフに事情を説明する。前の事例と同様、病院を避難所、時間稼ぎの場所として使うのだ。個人病院ではなく、各専門科がそろっている24時間稼働の救命救急センターのような医療機関が望ましい。なぜなら、救急病院にはこういったケースを年間一定の数受け入れているので、院内虐待防止委員会などが設置されていて、組織的に対応してくれる可能性が高いからである。児童相談所への通告はかなり躊躇すると思うが、学校現場で協議したうえで、確信がもてるときはもとより、疑いがぬぐいきれないレベルでも通知する勇気をもってほしい。ただし、通報した個人が特定されやすいという懸念もあるので、病院に連れていってから事情を話し、医療機関側から通告してもらうと自然である。勇気ある行動がなければ子の心身の危険はずっと続くことを忘れてはならない。

　児童福祉法第25条により、主観的に虐待を受けているのではないかと疑われれば通告義務が生じる。また児童虐待防止法第6条、個人情報保護法第23条でこの種の通告は守秘義務違反の例外として正当化されているし、通告の結末が違っていても罰せられることはなく、通告者の守秘・保護も法律で保障されている。

※この事例では、養護教諭が勇気をもって本人に「何があったのか、誰がおこなったのか」を問い、根気強く本人を説得して陰部の視診をおこない、性的虐待を確信した。結局保護者の協力を得られないまま学校長と協議した結果、直接子どもを病院に連れていき、病院で性器ヘルペス感染症の診断を受けた。さらに全身麻酔下で会陰部の裂創や性器の損傷の証拠を収集し、病院から児童相談所に通告した。1年以上にわたっておこなわれていたレイプの相手から、本人に陰部ヘルペスウイルスが感染していた。本人は児童相談所に保護された後、慢性的に続いていたレイプのいきさつをすべて開示している。

　2010年度の児童相談所の虐待対応件数は5万5,152件でうなぎ登りである。しかしそのなかに占める性虐待は3％程度であり、これはアメリカの9％とかなりの差がある。この事例のように、性感染症、性器肛門外傷、膣内異物、繰り返す尿道炎・膀胱炎、胎児の父親が不詳な妊娠などで偶然発見される場

合と、稀に本人が親しい友人へ打ち明けて判明する場合があるが、多くは本人が黙っているので、未発見のケースは大変多いと思われる。それだけに、少しでもサインがキャッチできた場合は、勇気をもって通告することが重要となる。小児期の性的虐待の体験は、のちに統合失調症を発症しやすいとされる。一般集団での統合失調症発症率は0.7％から0.8％だが、10年以上の追跡調査の結果から、小児期の性的虐待被害者の発症率は1.9％から2.1％と、2倍以上の頻度だという衝撃的な報告が最近相次いでいる。性的虐待の予防は急務の問題なのだ。

> 　7歳女児。小学校1年生の学校検尿で蛋白尿を指摘され、医療機関で精査が始まった。本人は無症状で血尿はないが、高度蛋白尿が3カ月以上持続した。母親から、医療機関で腎生検のための入院精査の話が出ていることを聞いていた。
> 　2歳年長の姉がいて、同じ小学校に通っているが、保健室にやってきて「妹のことで相談がある」という。最初はとても躊躇していたが、「あなたの妹もあなたも守りたいから」と我慢強く促すと、ついに重い口を開き、妹が病院に行く日には必ず病院から渡されたプラスチックの容器に尿を入れていくが、昨日（病院受診の日）、母親が妹の尿に粉ミルクを入れているのを見たという。以前から粉ミルクの1回分パックが台所によく置かれてあり、「赤ちゃんがいないのにどうして粉ミルクのパックがあるのか」と聞いたことがあるが、「料理に使っている」という説明だったという。どういうことでしょう？　どう対応しますか？

　粉ミルクや卵で蛋白尿を作ることができる。これは代理によるミュンヒハウゼン症候群で、虐待の一形式である。加害者の大部分は母親であり、子どもの病気を作り出してかいがいしく世話をし、気づかないでいると医療者をも加害者に取り込んでいく。この事例の場合、学校管理者に相談した後ただちに医療機関に連絡すべきだ。そして子どもを入院させてもらい、母親から引き離した状況で検尿を実施し、事実関係を確かめることで解決に向かう。医療者を巻き込んでいるので医療機関から児童相談所に通報してもらうのが自然である。

※ミュンヒハウゼン症候群とは、周囲の関心を引くために病気を装ったり自傷したりする、あるいは子どもや配偶者に対してそれをおこなう慢性で重症の人格障害をさす。ミュンヒハウゼン男爵が自身のほら話で周囲を引き付けたことにちなんでこの病名がつけられた。

※さまざまな代理によるミュンヒハウゼン症候群が報告されている。ただ、この事例のようにうまく解決することは比較的少なく、たくみに証拠を隠滅されるので客観的証拠に乏しく、限りなく疑わしくても証明できないことが多いのが特徴である。このケースでは、血液の蛋白成分がかなり低くなってもいいほどの高度蛋白尿が続いているのに、なぜか血液検査が正常なことに医師は首をかしげていた。このような状況では、第三者の方がその悪いサイクルを断ち切ることができる可能性が高い。疑わしい場合、行動を起こす勇気と周囲への相談が子どもの身の安全を確保することになる。

参考文献

NPO法人子ども虐待ネグレクト防止ネットワーク「子どもに身体的虐待が疑われるときのチェックリスト」(http://cmpn.childfirst.or.jp/chklist.pdf)、2011年
厚生労働省「児童虐待関係の最新の法律改正について」(http://www.mhlw.go.jp/seisaku/2011/07/02.html)、2011年
日本小児科学会「子ども虐待診療手引き1」(http://www.jpeds.or.jp/guide/pdf/gyakutai.pdf)、2006年

18　検診での異常

　中学校で、1年生の学校検診で心電図検査が終わった日、学級担任の教諭の間で心電図検診について次のような会話があった。「はっきりいって心電図異常で病院に行っても、精密検査の結果、異常なしがとっても多いんだけど、心電図検診の本当の目的って何なのかなあ？」「そう

> だね、やたら本人や保護者の心配を煽っているだけじゃないのかと思ってしまうんだけど……」。さて、あなたならのように答えますか？

　一言でいうと、学校心臓健診の目的は突然死、つまり心臓性急死を予防することにつきる。突然死は小学生の70％、中学生の75％、高校生の85％が心臓に原因を有するもので、小学生から高校生までの人口10万人あたりでみると、年間に小・中学生合計で1人、高校生で1人という頻度になっている。しかも、突然死の原因になる心疾患のほとんどは心雑音の聴診で見つけることができないので心電図の判読が鍵となる。ただし、心電図で見つかる不整脈の多くは精査後、経過観察となるものが圧倒的に多いことも事実である。

　1973年に始まった学校検診では95年から小学校1年生、中学校1年生、高校1年生を対象に全員心電図検査が義務づけられた。現在では、先天性心疾患の多くが学童期以前に手術されるようになったこと、川崎病の好発年齢が乳幼児期であることなどから、このような病気は小学校1年生ではすでに診断・治療されていることが多い。したがって心電図検査の目的は、先天性心疾患や川崎病既往児が適切に管理されているかを評価し、また心雑音が聴取されにくく、無症状で経過し、発見が遅れると予後に影響する心房中隔欠損症（特徴的な不完全右脚ブロック）などの先天性心疾患を発見することである。現在では、小学校の6年間に増加してくる不整脈や心筋症といった突然死の原因疾患を見つけるために、小学校4年生にも心電図検診が追加されている。突然死を起こす先天性心疾患としては複雑心奇形（多くはチアノーゼ性）、大動脈弁狭窄症、また心筋疾患には肥大型心筋症、拡張型心筋症、心筋炎、さらに不整脈疾患にはQT延長症候群、完全房室ブロック、洞機能不全症候群、多形性心室性期外収縮、心室頻拍、WPW症候群があり、その他に原発性肺高血圧症などがある。とくに不整脈疾患は前述のように心雑音がなく、その多くは普段は症状が全くないこと、また不整脈が致死的になるのはランニングや水泳などの運動中である場合が多いことなどから、要注意である。

　現在ではスクリーニングシステムが各県で整っているので、それに従って医療機関で精密検査を受けることになる。この場合、心電図異常の学童・生

徒がもれなく受診しているか、その結果、上記のような診断を受けた子どもがきちんと突然死予防の服薬や通院を守っているか、また運動制限が学校生活指導管理表に従ってきちんと指導され守られているかなどを、定期的にチェックすることが大変重要である。一度不整脈による失神発作のエピソードがあると、突然死のリスクは何倍にも上がる。普段から養護教諭は保護者や担任と連携して、意識消失の有無、疲れやすさ、息切れ、動悸、チアノーゼ、呼吸困難の程度とその変化を把握しておく必要がある。何度も述べたように、AEDの使用について常々シミュレーショントレーニングをおこなっておくべきだろう。

参考文献

文部科学省監修『学校心臓健診の実際』日本学校保健会、2008年
日本小児循環器学会学術委員会学校心臓検診研究委員会「2006年改訂学校心臓検診二次検診対象者抽出のガイドライン——一次検診の心電図所見から」、日本小児循環器学会編「日本小児循環器学会雑誌」第22巻第4号、日本小児循環器学会、2006年、503—513ページ

> 13歳の女子中学生。5月の学校検尿で血尿（3＋）、蛋白尿（3＋）を指摘されたが、全く症状がないので、再三の学校からの催促にもかかわらず、医療機関を受診しなかった。夏休み前に炎天下で作業した後から何となくだるくなったが、全身倦怠感、顔面のむくみ、褐色尿に気づき、関節の痛みも出現してやっと医療機関を受診したところ、膠原病による急速進行性腎炎と診断され、緊急入院となった。もう少し早く何とかならなかったのだろうか？

学校検尿の目的は、何と言っても小児期での末期腎不全発生の予防と早期管理にある。世界に類をみないわが国の学校検尿システムは、末期腎不全予備群を早期発見することによって、その進展を阻止、また遅延させるうえで多大な貢献をしてきた。腎疾患は、検尿所見でわかる疾患の重症度と見た目の重症度の乖離が落とし穴になり、無症状の時期でも腎疾患が進行していることがある。すぐ治療を始める必要がある急速進行性腎炎、また2、3カ月

以内には手を打たなければならない慢性腎炎・慢性腎不全（最近は合わせて慢性腎疾患、Chronic Kidney Diseases：CKD と呼ぶ）がある。急速進行性腎炎や慢性腎炎は全身性エリテマトーデス（膠原病の一種）やアレルギー性紫斑病によって起こるもの、IgA 腎症や膜性増殖性腎炎などがあり、最近は副腎皮質ホルモン薬や免疫調節薬の使用による治療の進歩で、早期発見すれば慢性腎不全への進展を食い止めることができるようになった。

　16歳未満の慢性腎不全は人口100万人あたり年間1～2人の頻度で発症する。原因としては先天的な腎・尿路の奇形や腎障害を発症後、早期管理しても進行を食い止めることができない難治性のネフローゼ症候群などがあるが、いずれも早期に透析療法、腎移植療法を計画することで、生命予後だけでなく、成人として社会参加できる可能性もかなり高くなってきた。それだけに学校検尿を正しく活用することは必須である。

　学校検尿活用の最大のポイントは、尿蛋白（3＋）の場合は血尿の有無にかかわらず学校側から早めの2次検診を働きかけ、2次検診終了直後に医療機関につなぎ、早期管理をおこなうことである。学校側からもこの基準で、医療機関受診がなされたかどうかを必ずチェックしてほしい。もちろん、スクリーニングで用いる尿蛋白の指数はあくまで大まかなもので、尿の濃い薄いで大きく左右されるので、尿蛋白が（2＋）～（3＋）だったとしてもただちに進行性の腎障害だとはいえないし、逆に（1＋）であっても大丈夫とはいえない。いずれにしても、検尿異常があれば医療機関への受診が必要だが、尿蛋白（3＋）には急いで治療すべきものが多く含まれていることは確かである。血尿は腎炎の「存在」を疑う理由にはなるが、蛋白尿こそが「重症度・緊急度」を表している。また、軽微でも血尿・蛋白尿のどちらか一方または両方があるときは、血圧測定が非常に重要だ。学童で130/85以上、中学生以上で140/90以上のときは腎障害進行のリスクが高いので、1ヵ月以内に医療機関につなぐ。

参考文献

九州学校検診協議会腎臓専門委員会「九州学校腎臓病検診マニュアル第3版──検診担当者のために」(http://www.kagoshima.med.or.jp/gakkou/jin-kensin.pdf)、

2011年
日本腎臓学会編「小児CKDの診断」(「CKD診療ガイド2009」(http://www.jsn.or.jp/jsn_new/iryou/kaiin/free/primers/pdf/CKDguide2009.pdf pp.41-42)、2009年
吉村仁志「尿異常からいろいろ見えるこどもの病気・こどもをとりまく状況」、沖縄県医師会広報部編「沖縄県医師会報」第43巻第4号、沖縄県医師会広報部、2007年、348—349ページ (http://www.okinawa.med.or.jp/activities/kaiho/kaiho_data/2007/200704/pdf/044.pdf)

> 12歳の男児。検尿で尿糖（±）を指摘された。再検でも（±）である。医療機関に受診するよう、本人と保護者に通知したが受診していない。保護者に電話をかけて再度受診するように話したところ、「友人に（±）の場合はマイナスと一緒だからいいんじゃないと言われました。大丈夫なんじゃないですか？」と切り返された。どう説明しますか？

この場合の説明は、「尿糖は（±）でも血糖が高いことがあるので、糖尿病でないかどうかの精密検査が必要です。必ず受診してください」と告げ、1、2週間以内に本当に受診したかどうかを確認するのが適切な対応となる。各県・各医師会などが学校検尿で尿糖をどう取り扱うかを決めているが、1次・2次のスクリーニングで精密検査を必要とする基準は、尿糖（±）からと（1＋）からで、まだばらつきがあるようだ。ただ最近では、各団体とも次第に（±）から医療機関受診という方向に向かっている。実際には、血糖値が200mg/dl近くなってから尿糖が出始めるので、尿糖が（±）でも血糖はすでに180〜200mg/dlである可能性がある。採取時間にかかわらず随時の血糖が200mg/dl以上なら糖尿病と確定するので、尿糖（±）は危険信号ということになる。

1992年から学校検尿に尿糖が加えられたのは、前述のように、1型糖尿病の半数を学校検尿で、糖尿病性ケトアシドーシスで発症する前に発見できるという点に加え、急増する2型糖尿病、すなわち若年発症の、生活習慣病としての成人型糖尿病を早期発見・早期管理するという意味がある。後者については家庭だけでなく、学校現場でも地域でも、社会全体で生活習慣の見直しを啓発していく必要がある。小児の生活習慣病予防健診は、小学校4年

生以上で肥満度20％以上の希望者を対象に全国各地でおこなわれている。最近はメタボ健診を社会全体で進める潮流になっているので、2型の糖尿病も生活習慣病対策の一環として管理されるべきだ。

参考文献

日本糖尿病学会／日本小児内分泌学会編『小児・思春期糖尿病管理の手びき――コンセンサス・ガイドライン』南江堂、2011年
「第9章疾病管理」、前掲『学校における養護活動の展開』所収、92～94ページ
大国真彦／岡田知雄／村田光範「小児生活習慣病予防健診」「東京都予防医学協会年報2011年版」第40号、東京都予防医学協会、2011年（http://www.yobouigaku-tokyo.or.jp/nenpo/pdf/2011/04_05.pdf）

> 11歳女児。担任にはここ数カ月何となくだるそうで活気が乏しい印象があったが、本人に聞いても自覚症状はなく、学校の活動は体育や校外学習も含めてすべて普通にこなしていたのでそのままになっていた。学年が上がって小学校6年生になり、背は2年前はクラスで高い方から3番目くらいだったが、現在は真ん中よりも少し前になっている。身体測定の結果を見たところ、身長は全く伸びておらず、体重は2キロ減少している。本人を呼んで再度確認すると、「ときどきお腹とお尻が痛くなり、便がゆるいことがある」とのことだったが、とくに気にしている様子はない。どうアプローチしますか？

まずおこなうべきことは成長曲線を記録してみることだ。年齢を横軸に、体重と身長を縦軸にとったグラフがすでに作られていて、インターネットなどでも簡単に手に入る。その子の身長・体重が成長曲線に沿って伸びていれば、標準偏差で－2SDから＋2SD、または3パーセンタイルから97パーセンタイルまでは正常である。だがこの範囲を逸脱したり、この範囲でも曲線2つをまたいで伸びない・増えない、あるいは横一線であるといった場合、深刻な病気や状況が考えられる。この子どもは身長が全く伸びておらず、背が高い方だったのにクラスの真ん中まで来ていることから、何かの重大な疾患が隠れている可能性が示唆される。またやせもあるようだ。1、2週間以

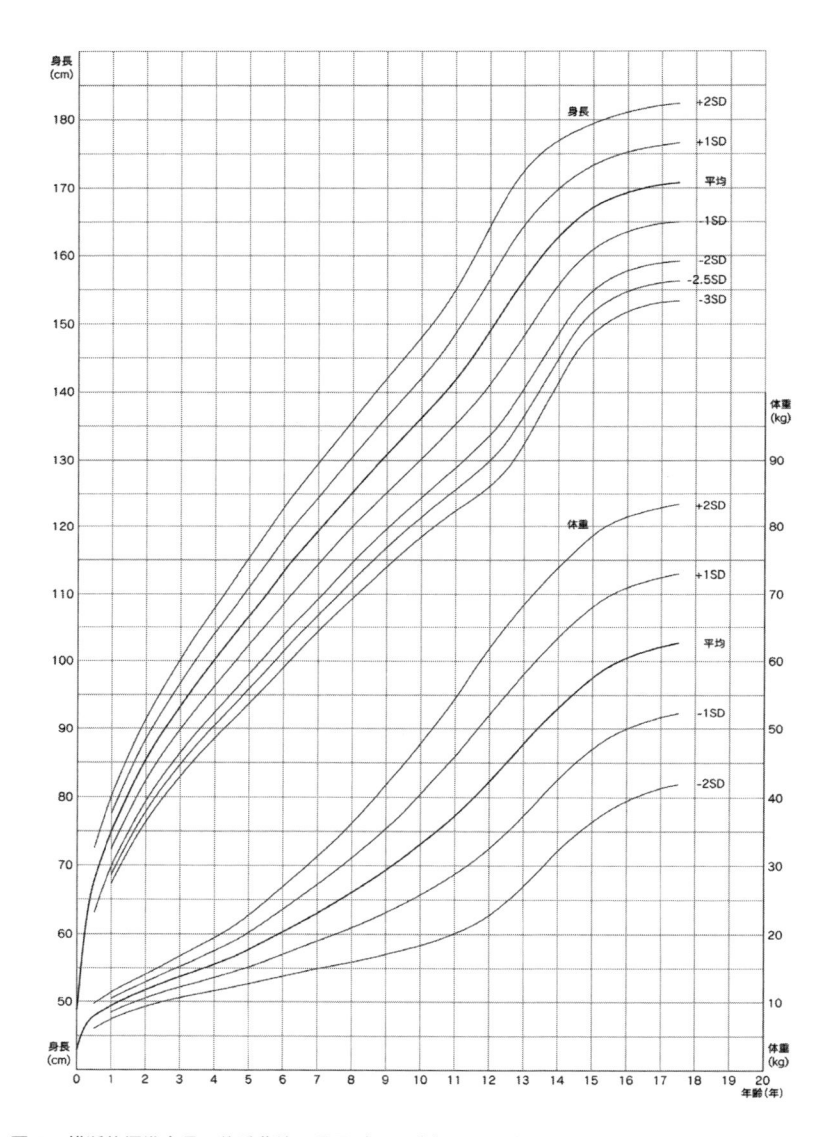

図5　横断的標準身長・体重曲線　男子（0-18歳）2000年度版
（出典：厚生労働省雇用均等・児童家庭局母子保健課監修、母子衛生研究会編『平成12年乳幼児身体発育調査報告書』（母子保健事業団、2002年）および文部科学省『平成12年度学校保健統計調査報告書』（財務省印刷局、2001年）のデータをもとに作成）

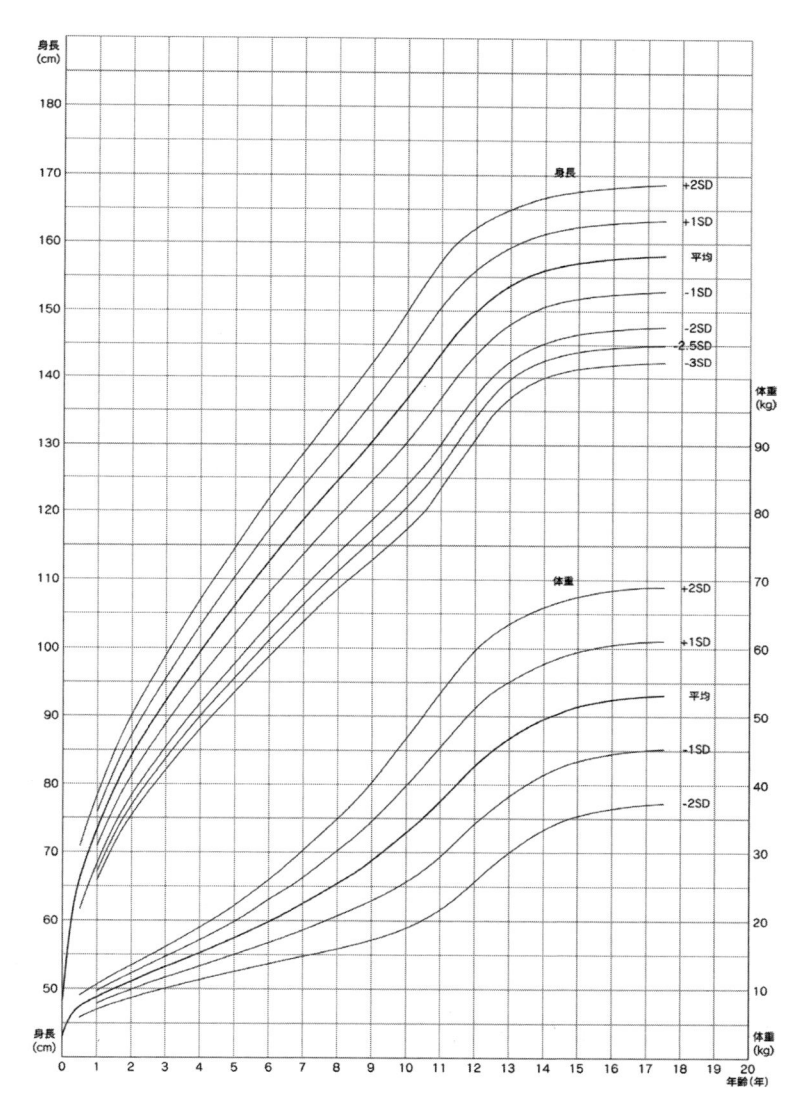

図6　横断的標準身長・体重曲線　女子（0-18歳）2000年度版
（出典：同報告書のデータをもとに作成）

内に医療機関を必ず受診できるようにする。この子どもは最近低年齢化が問題になっているクローン病（炎症性腸疾患の一つ）と診断され、治療が始まるとよくなっていった。クローン病ではこのように腹部症状が典型的ではなく、低身長が診断の糸口になることがある。

※学童・生徒で「身長が伸びない」「低身長」というと、すぐ成長ホルモン分泌不全性低身長を考えがちだが、慢性心不全、慢性腎不全、慢性消化器疾患、慢性甲状腺炎などの病気が隠れていたり、またやせを合併して慢性的なネグレクト・心理的虐待、神経性食思不振症などが隠れていることもある。したがって、身長増加曲線と体重増加曲線の両方を同時に評価する必要があり、低身長とやせを合併する場合は極度の栄養障害であり、緊急度がより高いといえる。しかし、小児はこういった状況に意外に適応してしまっていたり、また症状や問題があっても積極的に聞き出さないかぎり自分から言い出すことはあまりないので、学校現場では子どもの安全確保のためのアプローチがぜひ必要である。

参考文献

「13. 身長・体重のアセスメント」、前掲『初心者のためのフィジカルアセスメント』所収、149ページ

「発育曲線」、文部科学省スポーツ・青少年局学校健康教育課監修『児童生徒の健康診断マニュアル 改訂版』所収、日本学校保健会、2006年、134ページ

渡部久子「思春期やせ症（小児期発症神経性食欲不振症）」「母子保健情報」第55号、恩賜財団母子愛育会、2007年、41—45ページ（http://www.aiiku.or.jp/aiiku/jigyo/contents/kaisetsu/ks0712/ks0712_4.pdf）

19　児童・生徒の喫煙

　　喫煙しているところを補導された14歳の男子中学生。現場はコンビニエンスストアの駐車場で、落ちているタバコの吸い殻に火をつけて吸

> っていた。しかもそれは常習のことだった。その報告を学校で受けた場合、どんなことから手をつけますか？

　この子はお金がないが、ニコチン中毒である喫煙常習者で、ポイ捨てされているタバコでも吸わずにはいられないという、悲しい話だ。緊急の禁煙プログラムによる管理が必要である。保健所とタイアップするなどして、禁煙外来につなぐ努力をしなくてはならない。その場合、保護者や同居の兄弟が喫煙者である可能性があり、家族ぐるみの対策が必要である。実施にあたっていろいろ障害もある。そのまま本人が禁煙外来にかかると、自費診療になってしまうためにかなり費用がかかるし、保護者の禁煙とセットで禁煙外来受診を考えるなど、家族の協力が絶対に必要だが、これがうまくいかないケースが多いのだ。大変労力がかかると思うが、面倒がってはならない。子どもが気管支喘息などで入院したときがチャンスである。時間を十分とって、喫煙の害と禁煙することによる利点を説くようにしよう。

※報告と年齢層で多少差はあるが、子どもの1％から3％が常習喫煙者である。若年ほどニコチン中毒の程度が強くなり依存度も高まる。また子どもの喫煙のきっかけのほとんどは親の喫煙で、子どもが10歳になるまでに両親が禁煙しなかった場合、40％が高校生までに常習喫煙者となる。また受動喫煙群は受動喫煙しない群に比べて有意に副鼻腔炎、滲出性中耳炎、気管支喘息の自然治癒が遅くなり、虫歯が多発し、将来の発がんにも深く関与しているという疫学的データがある。タバコにはニコチンだけでなく、鉛も含まれているため、集中力の低下や知能の発達にも影響するという報告もある。近年の経済の低迷やタバコ代の値上げで喫煙は全体として減少傾向だが、30歳までの男女の喫煙率はそれ以上の年齢層に比べてかなり高いのがわが国の特徴だ。

　子どもの禁煙治療の問題点として、①医療者が難しいと思い込んでいる、②引き受けてくれる医療機関が少ない、③喫煙している子どもは喫煙を処罰の対象と考えているので絶対に自分から申し出て治療に来ることはない、④治療で治せるという認識に欠けている、などが挙げられる。しかし、奈良県の郡山保健所のように、学校と医療機関の連携をコーディネートしている地

域もあるので、みんなが真剣に社会全体の喫煙を減らして、子どもを守るという信念をもって、「どうせできない」ではなく「どうすればできるか」という意識で取り組む必要がある。

参考文献

高橋裕子「ブログこちら禁煙外来．保健室から禁煙治療」「yomiDr.（ヨミドクター）」(http://www.yomidr.yomiuri.co.jp/)〔2010年12月28日〕

「日本小児禁煙研究会」(http://www.jsptr.jp/index.html) の「第１回学術集会プログラム」および「第２回学術集会プログラム」、2009年

日本小児科医会「平成15年度子どもを煙害から守る事業報告書」(http://jpa.umin.jp/download/tabacco/tabacco04.pdf)、2003年

20　体内に医療器具を装着して在宅医療をおこなっている児童・生徒の管理

> 8歳男児。水頭症の診断で脳室 - 腹腔シャントが埋め込まれている。普段は健常児と全くかわらない状態で、元気に学校生活を送っている。午前の授業の終わり頃から元気がなくなり、机の上でうつぶせに眠ってしまったので、保健室に運ばれてきた。声かけには目を開ける程度で、すぐ眠ってしまう。とりあえず横にならせると、大量の嘔吐がたて続けに２回あった。どう処置しますか？

　脳室 - 腹腔シャントが埋め込まれているので、真っ先に考えなくてはならないのが、シャントの閉塞による脳圧の上昇だ。これによって、意識障害と嘔吐が出現している。緊急事態なので救急車を要請し、呼吸の状態を観察する。もし呼吸が不安定になってきたら（１回１回が浅い呼吸となり、呼吸数も１分に10回以下になったら）、仰向けにして頭部後屈・下顎挙上をおこない、備え付けのポケットマスクを用いて３〜５秒に１回、すなわち、１分間に12〜20回息を吹き込む。

※医学・医療の進歩で、いろいろな医療器具を装着して在宅医療をおこないながら学校生活を送っている子どもが多くなってきた。気管切開と在宅人工呼吸器、胃瘻造設、中心静脈栄養、中心静脈による持続薬物在宅治療、脳室-腹腔内シャント、横隔膜ペーシング、在宅腹膜透析・在宅血液透析などがそれにあたる。すべてに共通して、以下の5点を常にチェックすることによって、漏れなく遅滞なく管理できる。

①器具の変位（ヘンイ）
　器具がきちんとした位置になくずれてしまった場合。たとえば気管切開チューブや胃瘻チューブの先端が気管内や胃内ではなく、気管・胃腔と皮膚の間の組織にはまり込んでしまった場合である。
②器具の内腔の閉塞（ヘイソク）
　この事例のような場合である。中心静脈ラインの閉塞などはアラーム機能が作動することがあるが、この事例の場合は、本人の状態を観察するしか方法がない。
③器具の先端が臓器や組織に孔を開け、空気などが漏れる（ハレツ）
　たとえば、中心静脈ラインの先端が肺を傷つけ、気胸となることがある。胸痛や呼吸困難が急に生じる。
④器具の破損（ハソン）
　器具そのものが割れる、チューブが切れるなどの現象である。
⑤細菌感染症（バイキン）
　こういった医療器具はすべて異物である。感染しにくく、本人の組織とうまくなじむように、シリコンなどの素材の工夫が日進月歩でなされているが、異物である以上、常にその操作によって感染を起こす可能性がある。風邪の症状がないのに急に38℃以上の高熱が出たり、悪寒・戦慄がみられるときは、器具による感染症が疑われるので、一刻も早い抗菌薬の投与や器具の抜去が必要となる。

　上記はいずれも急を要するので、一刻も早い対応が必要である。冒頭で述べた小児の「緊張度評価」で「悪い」ものは救急車を要請し、また「よい」

場合でも、1時間以内には保護者付き添いでかかりつけの医療機関を受診させることが望ましい。

参考文献

「第11章 特別な医療的処置を必要とする子どもたち」、前掲『小児二次救命処置の基礎と実践』418—451ページ

第3章 学校での心の危機介入・初期対応

石川瞭子

　学校での心の問題への危機介入・初期対応を考えるとき、最初に思い浮かぶ事件は児童・生徒の「自殺」ではないだろうか。第1章で記したが、児童・生徒の自殺は当然、家族に大きなダメージを与え、家族は深刻な精神的危機に陥る。また児童・生徒が所属していた教室・学校も甚大な影響を受け、機能不全状態になる。

　それだけではない。児童・生徒の同級生、交友があった同学年の生徒、所属していた集団もショックを受け、地域も混乱する。まして遺書があり、関係する人名が記されていたら、その混乱はとどまるところをしらない領域まで拡大する。多様な「痛い」経験が2次的・3次的に発生する。

　「ハインリッヒの法則」を挙げるまでもなく、1つの重大事故の背景には29の軽微な事故があり、その背景に300もの異常が存在する。それはよく知られた事実である。本章では35の事例を列挙するが、事例がハインリッヒの法則において重大か軽微かは別として、事例全体の背景には1,000件あまりの事故があり、さらにその背後に1万件あまりの異常が存在することはありうる。また、控えている1万件あまりの異常から2次的・3次的に影響を受けると思われる事例が、少なく見積もっても10万件あまりある可能性もある。

　ここで取り上げる35の事例はどれも重苦しい。しかし事件性は低く、多くは「よくある不登校」という様相を呈している。だから学校は油断する、「緊急性が低い」と。だが考えてみよう。不登校は児童・生徒が最初に選択することができる救助信号なのだ。言葉の発達が未成熟で社会資源をもたない児童・生徒が、救助信号として選択できる範囲は限られている。不登校は

最も身近な訴える手段のひとつといえるのだ。

不登校も許されなかったA男は、投身自殺をしようと思ってビルの屋上で発見され、保護されて小児精神科病棟に入院した。そうした例もなくはない。

ちなみに、児童・生徒の問題は特定の構図をもっている。不登校を最初の症状として選択する児童・生徒もいるが、遺尿やチック、発達障害などから2次的に不登校になり、学校の危機介入事件へと発展する場合などもある。反応と障害と症状と問題は、このような構図をもっている。その点は、まとめで説明しよう。

本章で取り上げる内容は、①夜尿・遺尿・遺糞、②強迫性障害・パニック障害・ヒステリー反応、③心因反応・心身症・心気症、④場面緘黙（選択性緘黙）・社交不安障害、⑤チック・吃音・トゥレット障害、⑥精神障害・精神病様症状・PTSD、⑦抜毛症、⑧リストカット・自殺未遂・摂食障害、⑨アスペルガー障害・ADHD・LD・PDD、⑩身体的虐待・ネグレクト・心理的虐待・性的虐待、⑪校内暴力・少年犯罪・犯罪被害である。第2章を執筆した小児科医吉村仁志のコメントも併記してあるので、読者はあわせて検討してほしい。最後にまとめをおこなう。

1　夜尿・遺尿・遺糞

A　小学4年のA子と2年の妹が紙おむつを常用し、「臭い」と仲間はずれになり不登校状態になった。3年前から2人とも紙おむつを使用するようになり、現在は3歳の妹と3人で紙おむつを使用している。母親は専業主婦で、学校側の配慮が足りないと苦情を訴えた。病院で夜尿の治療を受けたが改善せず。

B　小学6年のB男は夜尿が常習化し、教室でも頻回に遺尿していた。病院で精密検査をしたが異常はなく、投薬と同時に膀胱を発達させる訓練をするように言われた。男子トイレにビンが置かれ1回の尿の量を量り、尿量が増加したか否かグラフに記入する課題がB男に与えられた。B男はいじめか

ら不登校になった。

C 中学2年のC男は便を漏らす癖が直らない。家でも教室でも便が転がっていた。教室で女子に「臭い」と言われて不登校になった。両親は担任の対応がまずいと苦情を訴えた。高学歴志向の両親は、C男が進学高校に進み、両親の希望の大学に入学するよう強く求めていた。病院へは行っていない。

　事例Aは、母親の関心を引くためにA子と妹が赤ちゃん返り（退行）を起こした結果、紙おむつを使用していたと考えられる。A子らは夜、眠る前に砂糖を入れたミルクを哺乳瓶で母親から飲ませてもらっていた。両親の関係が薄く、母親はタレントの追っかけに走り、家族は崩壊寸前だった。両親を呼んでA子らの心のSOSを伝え、両親の関係の改善を援助した。父親は次の日に紙おむつの使用禁止を宣言し、学校に出向いて担任と打ち合わせをおこない、1週間後にA子らを登校させた。父親が母親の孤独を支えることで家族関係は改善し、遺尿はなくなった。
　事例BのB男はスポーツ少年で、やや多動傾向がある。夜尿はときどきみられたが、昼間の遺尿はなかった。遺尿と夜尿が頻回に出現し始めたのは、父親がB男の所属する地元少年スポーツチームの監督になってからだ。父親はB男に家庭でも「監督」と呼ばせた。不登校のきっかけは、トイレにB男の尿を貯めるビンが置かれるようになったことだ。尿量を量るたびに同級生に冷やかされた。ビンを撤去し、父親が監督でないスポーツチームに入ると不登校は改善し、夜尿・遺尿もなくなった。
　事例Cは、代々高学歴志向である家系の長男として生まれたC男のストレスが要因と思われた。2カ所の学習塾から帰宅後、11時まで父親が予習・復習をさせていた。24時間管理されたC男に残された唯一の選択肢は、「いつ、どこで便をするか」だけだった。C男は「友達もパソコンもゲームも取り上げられた、僕は勉強するマシーンだ」と述べた。塾を1つ減らし、父親による夜間の勉強管理をなくすと、血色がよくなり、父親と登校を開始した。遺糞はいつの間にかなくなっていた。

夜尿・遺尿・遺糞に関して

●夜尿のほとんどは15歳くらいまでに自然に治るが、稀に成人になっても継続していることがある。泌尿器科で調べても異常が見つからない場合は、「心理・発達学的な問題があるかもしれない」と考えてみたい。とくに家庭生活上の問題（過度な保護や干渉など）、高すぎる期待やストレス、発達障害的な問題などで専門的なケアが必要な場合があるので、ケースに応じた対応を求めたい。

●遺尿や遺糞などの問題をもつ児童・生徒に家庭内の虐待が発見されることがある。児童・生徒の生活状態や就寝状況、入浴などの情報を得て、必要があれば児童相談所などへの介入要請も検討されたい。また、遺尿や遺糞などが原因で虐待へ至る例と、虐待が原因で遺尿・遺糞に至る例がある。下着などから悪臭がする児童・生徒がいたら放置せず、呼び止めて、生活状態を聞くべきである。「臭い」が児童・生徒のSOSである場合があるからだ。

●高校生で紙おむつを使用していて「臭い」といじめにあった高校生女子が、祖父からの性虐待の防止のために「悪臭を放つ」という作戦を用いていたケースがある。臭いのを嫌い祖父は手を出さないと、この女子は生活から学習していたのだ。

●夜尿・遺尿・遺糞では、当該子が「だめな子」「だらしがない子」のレッテルを周囲から貼られがちだが、決して「だめな子」でも「だらしのない子」でもない。ある男子は寝ないで夜中、何度もトイレに行き、明け方に寝ついたときに漏らしてしまい、落胆する日々の連続だった。母親に叱られ、通学路に見せしめのために布団を干され、周囲から笑い者になる経験を重ね、不登校になっていた。

●夜尿などの問題で自尊感情を減退させ、自己効能感が低いまま成長すれば好ましい結果が得られないのは明白である。不登校から社会的引きこもりになり、対人関係や社会生活に積極的になれないまま、消極的な人生を送ることになるかもしれない。

●上記の事例のように、家族関係が改善し生活環境が変化すると遺尿・遺糞問題が改善する場合もある。叱っても遺尿や遺糞が治ることはなく、2次障害として不登校などの社会問題が出現する。多くの場合、親の苦情は「何と

かしたい」という SOS である。教育相談所や療育センターなどへ相談することを勧めたい。

> 《ドクター吉村の一言アドバイス》
> 　夜尿症は「5歳を過ぎて週に2回以上の頻度で、少なくとも3カ月以上連続して夜間睡眠中の尿失禁を認めるもの」と定義されている（アメリカ精神医学会 DSM-IV）。7歳児の有病率は10％程度で、その後年間15％ずつ治癒していく。遺尿・遺糞を含め、陥りやすい誤りは、直接生命に危急が及ぶ疾患ではないため、経過観察、自然治癒を期待しがちなことで、石川が説くようにさまざまな情緒的問題、虐待、2次障害が隠れており、子を取り巻く環境や生活を見直すこと、2次障害防止のために、夜尿にはあせらず、怒らず、起こさず、の姿勢で臨み、重症例には薬物療法（内服薬・点鼻薬）を、遺糞には集中的な浣腸を一時的におこなうことも一考である。

2　強迫性障害・パニック障害・ヒステリー反応

A　中学2年のA男は学校の教室の机や椅子、トイレのコックなどが雑菌で汚染されているという思いに苦しめられていた。学習中も頻繁に教室を抜け出して手を洗いに洗面所に行った。席をたつことを制止すると奇声をあげ、教師を突きとばした。家庭でも体の洗浄に固執し、登校もできなくなっていた。

B　中学3年のB男は勤勉で実直で静かな生徒で、人望もありクラスの人気者だった。B男は進路選択の面談を受ける日、突然に体が硬直して動かなくなった。急に心臓がパクパクして口から出てきそうになった。汗が噴き出し、目がまわり、吐きそうになって教室で倒れ込み、救急車で搬送された。

C　中学2年のC子は同級生との会話がうまくできなかった。男子や年上の

女性教員とは比較的話せたが、同年の女子とはうまくいかない。C子にとって体育の時間は苦痛だった。スポーツが苦手なわけではないが、女子グループに入れないのだ。二手に分かれての試合のとき、呼吸の制御がおこなえなくなり卒倒した。

　A男は皮膚が赤くただれ、皮膚科から精神科に紹介されて入院となった。診断名は「強迫性障害」だった。入院したとき、A男は「ほっとした」と述べた。A男自身も理不尽で不合理な思いに駆られて苦しんでいたが、「洗浄したい」という衝動を抑えられなかったのだ。投薬治療を受け、十分に睡眠がとれるようになり、表情も和らぎ、退院となった。ストレスが高じたときに強迫行動がでることを知り、A男と家族は生活を見直し、それまでの過保護で過干渉な関わり全般を修正した。2カ月の休養後に登校を開始、投薬はその後も継続した。

　B男は緊張状態に強く反応してしまう傾向があった。母親はパニック障害の既往歴がある。進路面談で強く緊張していたのは母親で、B男も母親の影響を受けて緊張していた。母親に緊張を強いたのは父親で、父親には高校選択に関して強い主張があった。進路指導の教員も父親と似ていて、B男は苦手だった。B男は搬送された病院で「パニック障害」の診断を受けた。父親はB男の主張を認め、進路変更を許した。母親とB男は精神安定薬の服用を続け、その後に症状は軽減をみた。

　C子は搬入された病院で意識を取り戻した。過呼吸（過換気症候群）と呼ばれる症状から卒倒したが、これは「ヒステリー反応」（転換性障害）によるものという診断だった。C子は発達上の障害があり、日頃から集団不適応の傾向がみられた。勉強もスポーツも得意で年上の女性教員や男子生徒とは会話ができるが、同年女子の対話のスピードと内容にはついていけなかった。C子の両親も同様の傾向がみられたが、社会的には成功していた。C子に得意な領域で資格をとるように指導した。

強迫性障害・パニック障害・ヒステリー反応に関して

●強迫性障害の好発期は青年期で、症状として洗浄恐怖も少なくない。「ドアノブやトイレのコックなどに雑菌が付着していて身体に重大な影響を与え

る」という強迫観念を抱き、日に何十回も手を消毒する。それでも不十分だとして洗浄綿で全身を日に何回も消毒し、皮膚が赤くただれている例もなくはない。本人は無意味な行為だとわかっているがやめられない。本人にとっては大変つらい。

●電気の消し忘れ、ガス栓の閉め忘れ、部屋の鍵のかけ忘れなど、誰もが不確かな気分から不安になることがあるが、強迫性障害による不安は想像以上のもので、自らの生活を大変な苦しみに陥れる。生活のほとんどが不安感に占領され、不安に押しつぶされそうになる。

●上記の強迫性障害の他に、思春期・青年期に起こりやすい症状として醜貌恐怖・自己臭恐怖などがあり、対人恐怖に発展する例もある。早期に精神科で投薬治療を受ければ、多くの場合は改善する。

●恐怖症には先端恐怖症（とがった部分が怖い）や高所恐怖症（高い場所が怖い）、広所恐怖症（広い場所が怖い）、閉所恐怖症（狭い場所が怖い）などがあり、パニック障害と合併しているケースもある。いずれも精神科で治療を受けると改善する。

●パニック障害は不安障害の代表的なもので、何らかの刺激で強い不安と緊張を感じ、動悸やめまい・頻脈や不整脈、発汗や失神・死への恐怖でパニック発作を起こし、その経験への恐怖などから外出が困難になる場合も多い。親子で連続して発症し、うつ症状を合併するという報告もあるが、詳しい原因はわかっていない。

●ヒステリー反応（転換性障害）では、一般的には過呼吸や転換ヒステリーによる難聴・視力障害・嗅覚消失・味覚消失が知られている。ストレス状態に長くさらされると身体症状として出現し、歩行困難や運動麻痺なども出て、本人はそれによってさらにつらい思いを経験する。

●強迫症状やパニック障害、ヒステリー反応を放置してはならず、適切な早期の対応が必要である。このような児童・生徒の多くは几帳面で努力型で、気まじめである。過剰適応によって神経をすりへらし、つらい状況に追い込まれる例が多い。相談先は地域の精神保健センターや保健所、精神科がある総合病院、精神科クリニックで、臨床心理士がいる教育相談所や福祉センターなどのカウンセリングを並行して受けることを勧めたい。家族療法なども有効である。

《ドクター吉村の一言アドバイス》
　強迫性障害とは、自分の意思に反してある考えが心に執拗に浮かんだり（強迫観念）、ある行為を繰り返さないと気がすまない（強迫行為、強迫儀式）など、日常生活が障害されるものである。心の中に怒り、嫉妬、恨みなどがある心理学的要因とうつ病に合併する生物学的要因があり、後者は薬物療法が奏功する。パニック障害は、突然の激しい症状で強い恐怖感を感じるもので、不登校、引きこもり、うつの原因になる。抗うつ薬、抗不安薬が有効である。ヒステリーは転換性障害と呼ばれ、自身が気づいていない心因によって意識、運動、知覚が障害される。薬物療法は補助的で、わかりづらい心因を我慢強く家族療法などで除去し、環境調整をおこなうべきである。

3　心因反応・心身症・心気症

A　小学3年のA男はお尻が痛いと夜中、布団の上を泣いて転がり不登校状態になって2カ月が経過した。A男は「お尻に針をもった虫が住み着いていて夜中に刺す」と述べた。小児科・肛門科で診察を受けたが異常は認められず、痔の塗り薬をもらった。小学校ではA男の不登校を理解できずに困惑していた。

B　小学5年のB男は「骨に針が刺さって痛い」と訴えた。2度の精密検査でも異常が見つからずアトピー性皮膚炎と喘息も悪化したため、不登校歴1年になっていた。両親は夜2時までB男の体をさすり痛みをやわらげた。学校は「アトピーの件でいじめがなかったのか」という両親の訴えに苦慮していた。

C　小学2年のC子は「ずきずき虫がお腹で暴れて痛いから登校できない」と訴え、不登校が1カ月になっていた。小児科の診察では異常が見つからず、

「心理的な問題でしょう」と言われた。母親も心身症になっていた。学校は「男性の担任になってから不登校になった」という母親のクレームに苦慮していた。

　A男は不登校2カ月だった。父親は自営業がうまくいかず転職を考えていて、それに伴って父方の祖父母との同居の問題が浮上していた。母親は父方の祖父母と折り合いが悪く同居を嫌っていた。夜間、両親が同居をめぐり言い争いをしていると、A男は「お尻が痛い」と大声で叫んで、1時間も布団の上で暴れた。両親が言い争いをやめてA男に関わると、静かになり眠った。しかし朝起きられずに不登校になっていた。A男は「お尻に住み着いている虫は祖父母で、ボクのお尻を針で刺す」と言った。両親が同居をやめると、A男は登校を開始した。

　B男の骨の痛みの訴えは、両親の健康への不安から発生したものと考えられた。B男は「骨に針が23本刺さっている」と絵を描いたが、その絵を見ながら母親は自らが癌の手術を控えていること、高血圧の父親がB男に処方された精神安定薬を服用していることを語った。両親はB男を苦しめたくないと思ってこの2件を隠していたが、B男の不登校からその心の問題に直面し、B男に「心配しなくていい、両親でこの問題に立ち向かう」と話した。B男は父親と登校を開始した。

　C子の父親はたび重なる借金と浮気の発覚で母親と不和になって帰宅せず、また母親は子宮の病気で常時腹痛があり、家族は崩壊の危機に瀕していた。しかしC子は父親を慕っていて、離婚を望んでいなかった。C子が腹痛で泣き叫ぶと母親は父親を呼び、父親は母親とC子を連れて病院に行くというパターンがあった。C子は描画で両親がボクシングしている場面を描き、次に「ずきずき虫」を描き、さらに両親がずきずき虫を退治する場面を描いた。その絵を見て両親は涙を流し、C子のために家族を立て直すと約束した。C子は父親とともに登校を開始した。

心因反応・心身症・心気症に関して

●心因反応とは、何らかの強いストレスがありながらも、その苦しみを言語化できないため、身体に症状がでる病態である。A男の場合、夜間に1時間

も布団の上でもがき苦しんでいたが、実際に大変な痛みを経験していたものと考えられた。両親の争いがどれほどA男を苦しめ不安にさせたかを物語っている。両親はA男が寝ていて聞いていないと思っていたが、A男は寝たふりをしながらしっかりと聞いていたのだ。心因反応は一過性の場合が多いので、病院などでは原因が特定されず、誤診される場合も多い。

●心身症とは、身体症状を主とするが、その診断と治療では心理的な要因についての検討が必要となる病態である。B男は、心身症であるアトピー性皮膚炎と喘息が長年続いていて、そのうえに心因反応としての「骨が痛い」という問題があった。B男の父親も、妻の癌の手術を控えたストレスで心身症（本態性高血圧と抑うつ）を発症し、B男に処方されていた精神安定薬を服用していた。そうした生活環境下で、B男は心身症と心因反応を併発したと考えられる。

●心気症とは身体症状に対する誤った理解に基づく観念にとらわれることである。C子の場合は腹痛を訴えているが医学的に問題はなく、食欲もあり便も異常はなかった。それにもかかわらず、半年以上も「腹痛だから登校できない」と訴え続けていた。心気症の好発期は成人だが、C子のように長期間継続して疼痛を訴える場合、子どもでも何らかの心理的要因の関与を検討する必要がある。母親がC子の腹痛を理由に父親を呼んでいることも関係している可能性がある。

●心因反応・心身症・心気症は稀のように受け止められているが、そうではない。言語化がうまくできない児童・生徒によくみられる症状である。多くの場合、複数の病院を転々としたり、複数の診療科を受診したりする。それでも原因が特定できずに、本人も家族も大変に苦しむ。学校に対するクレームの多くは、苦しむ子どもを何とかしたいという両親のSOSである。

●常日頃から、学校の精神保健に理解ある診療所や病院との連携を構築しておきたい。児童精神保健にも詳しい小児科医も増えているので、そうした情報を集めることを勧めたい。都道府県の精神保健センターなどが情報をもっている。

《ドクター吉村の一言アドバイス》
　ここに挙げられた「器質的病変がないにもかかわらず身体症状を訴え

る病態で神経症やうつ病を除外したもの」を身体表現性障害という。多発性で変化するさまざまな身体症状（不定愁訴）のために身体的な科の医療機関を何軒も受診する身体化障害、重篤で進行性の身体疾患に自分がかかっているのではという執拗な訴えの続く心気障害、動悸・発汗・紅潮のような持続的で苦痛を伴う自律神経亢進症状がある身体表現性自律神経機能不全、頑固で激しく苦しい痛みの訴えが続く持続性身体表現性疼痛障害がある。小児は感情を言語化する能力が発達していないため、低年齢であるほど心因が身体化しやすく、身体症状にとらわれず、早めの精神心理アプローチを考えたい。

4　場面緘黙（選択性緘黙）・社交不安障害

A　小学3年のA男は入学後から学校内で一切会話をしなかったが、欠席もなく、算数などの試験は満点に近い成績をとっていた。体育は苦手だが、担任の配慮もあっていじめられることはなかった。3年になり担任が変わって、からかいの対象になった。両親は「担任を変えろ」と激しく迫った。A男は不登校になった。

B　小学2年のB子は場面緘黙だった。症状は幼稚園の5歳児クラスのときに突然現れた。それまでは活発に対話をして、友達も多かった。小学校では一人の女子を友達として貼り付けた。B子はその友達をいやがることはなかったが、対話することもなかった。家族以外とは対話をしない。1歳年上の姉も同じ頃に場面緘黙になった。

C　中学2年のC子は、教室にいると緊張して、多量の冷や汗をかいた。額や手のひらの汗の量が多いため、ぽたぽたと机に落ちた。プリントを後ろの席の生徒に手渡すとき、紙が濡れた。そのためいじめの対象となって不登校になり、家では「死にたい」と漏らした。真面目で几帳面な両親と祖父母は転校を考えた。

Ａ男の家族は社宅に住んでいた。姉は私立中学へ進学し、Ａ男も受験勉強を開始していた。父親は高学歴志向で、体面を重んじる性格である。専業主婦の母親は子の教育としつけに厳しく、社宅内では良妻賢母と評判だった。母親は「人の噂や悪口を決して言わない良い子に育てました」と述べ、その一方で「学校の配慮が足りない、いまの担任は無能だ」と激しく批判した。両親は揃って校長に会い、「担任を変えろ」と迫った。その後にＡ男は不登校になった。Ａ男のサポートは大変困難だった。表面的に両親は筆者に従順だったが、他罰的で状況改善のための努力は一切しなかった。言動の不一致が顕著で改善は得られなかった。

　Ｂ子と姉は元気で活発だったが、3年前から話さなくなった。当時父親がアルコール性肝炎で入院し、退職を余儀なくされた。飲食代の請求が高額だったうえに入院費もかかったので、母親は出会い系サイトを利用し家計を支えた。母親は「このことを決して他人にはいってはいけない、ここに住めなくなる」とＢ子らに言った。その後にＢ子らの緘黙が始まった。サポートでは母親をねぎらい、経済的支援を公的機関に依頼し、生活の安定を図った。母親は安心し、Ｂ子姉妹の緘黙も改善した。

　Ｃ子は幼い頃から人前が苦手で、恥ずかしがり屋だったが、成績は良かった。中学に入ると、進路選択を前にして教室内で孤立するようになり、緊張する日が増加した。その頃から発汗がひどくなり、額や手の平から汗が噴き出して机の上にしたたり落ちた。冷やかしを受けた頃から登校できなくなり、同学年の生徒の声を聞いたり姿を見るとひどく怯えるようになった。厳しい祖父母への接近を避け、両親が共感的にＣ子に接するようにし、受験先のハードルを下げたうえで、精神科から投薬を受けたところ、改善をみた。

場面緘黙（選択性緘黙）・社交不安障害に関して

●場面緘黙とは、対話や会話の能力自体に問題はないが、学校などの特定の場面で話さない、話せない状況が持続することである。選択性緘黙とも呼ばれる。

●Ａ男は相手とコミュニケートしようとする意思が感じられず、他者との対話を拒否するようにみえた。母親は表面的にはにこやかだが、感情の交流

を含む対話は成立しにくかった。父親も幼い頃に場面緘黙で中学の頃に改善したというが、情緒的な対話は困難だった。担任は、「Ａ男は発達の偏りから自閉症スペクトラム障害の可能性があるかもしれない」と述べている。
●Ｂ子姉妹は、母親の職業について「話してはいけない、ここに住めなくなる」という言葉に過剰に反応したものと考えられる。学校で話さないという現象だけを見るとＡ男とＢ子姉妹は同じにみえるが、集団への適応力に明らかな差があった。Ａ男は集団に馴染まないが、Ｂ子たちは集団生活を楽しんでいた。Ｂ子たちは友達と楽しそうに遊んでいる場面を絵に描いているが、Ａ男は描画もしない。
●場面緘黙の好発期は、社会活動が活発化する４歳から６歳であるとされ、女児に多いとされる。親も緘黙の症状をもっているという報告がある。しかし遺伝的要因は直接的ではなく、もともとの性格や不安・緊張などが環境的要因と重なると発現しやすいといわれている。
●場面緘黙の児童・生徒に筆談を試みると、身体的・生活環境的状況がわかる。筆談に応じない児童・生徒の場合、自由に描画させると情報が得られることがある。筆談や描画にも応じない児童・生徒とは、プレイセラピーなどの遊びを通して時間をかけて交流する。それも拒否するのは自閉症傾向と思われる。いずれにしても専門医の診断を受けたい。支援方法の選択ではアセスメントが欠かせない。
●社会不安障害は現在、社交不安障害と呼ばれている。社交や対人交流場面で強い不安感や緊張が生じて、日常生活に困難を感じる。Ｃ子の場合は教室にいること、発表すること、対話することに激しい苦痛と不安を感じていた。そのため赤面して発汗し、それが原因でいじめの対象になっていた。
●対人関係の成立に困難を感じる発達障害の児童・生徒も、社会不安障害の症状を呈する例がある。その場合、長期の関わりが必要になる。発達の偏りがないＣ子の場合は、精神安定薬と半年間のカウンセリングの併用によって改善した。

《ドクター吉村の一言アドバイス》
　２００８年から社交不安障害に分類されているもののなかに、幼少時から思春期前に特徴的な声が出なくなる場面緘黙・選択的緘黙と、思春期以

降には人前などの特定現場での口渇、赤面、多量発汗、嘔気・嘔吐などの強い不安障害がある。気質・性格、発達障害、環境因が存在する、などの背景があるが、石川が述べているように、環境因とくに家族との関係において親からの過干渉、無理解、コミュニケーション不足がみられる場合があり、また心理的虐待が隠れているケースもある。遊戯療法などでコミュニケーションの縮小から解放する方法や抗うつ薬、抗不安薬を処方しながら、生活の是正、カウンセリングをおこなっていくと改善する事例も多い。

5　チック・吃音・トゥレット障害

A　小学4年のA男は幼少時からチックがみられていたが、激しいチックになったのは体育の時間に他の生徒にぶつかりケガを負わせた後だった。両親からきつく叱られ注意された。翌日から目をパチパチさせ首をひくひくさせる行動とともに、咳払いのような音が喉から出るようになり、不登校になった。

B　小学5年のB男は、発語時に最初の言葉を連続して発する症状があり、からかいの対象になっていた。父親も同じ傾向があったが、中学の頃には消失していた。いじめられた経験をもつ父親は、担任の対応が不満でクレームをつけ「学校に行くんじゃない」とB男の登校をやめさせた。

C　中学2年のC子はチック・吃音・トゥレットの症状をもつ。顔をひくひくさせ、「アッアッ」という声も出て、緊張すると大きな声とともに、全身を大きく揺るがすようになる。定期テスト時にそれらの症状が出て、担任から別室で試験を受けるように指示された。それを聞いた母親は憤り、教育委員会に訴え出た。

　A男の場合、相手のケガそのものはかすり傷程度だったが、A男は母親に

きつく叱られ、さらに帰宅した父親からも2時間にわたって厳しく叱られた。両親ともPTA役員で地域の世話役だった。加えて父親は目をパチパチさせ首をひくひくさせる行為をやめるよう、A男に厳しく求めた。A男の音声チックが出たのはその後だった。「A男にチックをやめるように求めない」「厳しく接することをひかえる」「良いところを認め、ほめるようにする」ように相談員が両親にアドバイスした。その結果、A男は登校を開始し、半年の時間がかかったがチックも徐々に改善した。

　B男の父親は勤めていた会社が倒産して失業し、抑うつの状態にあった。逆に、専業主婦だった母親はパートを見つけ、生き生きと働き始めた。父親は自分によく似ているB男と一緒に公園で過ごす時間に安らぎを得ていた。担任にクレームをつけたのはB男と過ごす時間がほしかったためで、救助を必要としていたのは父親だった。相談員は父親の喪失体験を受容し、立ち直りのカウンセリングを実施した。その後、父親はB男を手放し再就職に向けて活動を始めた。B男も吃音を気にすることなく、以前のように登校を開始した。

　C子は幼い頃からチックと吃音があったが、全身を大きく揺るがし声をあげる症状が出てトゥレット障害と診断されたのは中学入学後だった。当時父親が死亡し、家族は大変な状況にあった。その後も家庭内には強いストレスが存在し続け、それがC子の精神状況に大きな影響を与えていた。母親も精神神経症状で治療を受けていて、怒りを爆発させる傾向があった。C子の支援では、相談所と児童精神科と連携しながら家族療法も実施され、C子の症状は徐々に緩和した。

チック・吃音・トゥレット障害に関して

●チック障害はDSM-IV-TRによると慢性運動性または音声チックで、突発性・急速性・反復性・非律動性・常同性の運動あるいは発声がみられるが、両者が同時に存在することはないとされる。チックは慢性と一過性があるが、一過性は4週間以上12カ月以内、慢性は1年以上にわたって症状がみられる場合をいう。
●吃音症は、DSM-IV-TRによると正常な会話の流暢さと時間的構成の困難であり、音や音節の繰り返しや音の延長・間接詞・単語がとぎれる、会話の

停止、遠回しな言い方、過剰な身体的緊張、単音節の単語の反復などがあって、会話でのこうした障害が学業的・対人コミュニケーションを妨害している場合などをいう。

●トゥレット障害は、DSM-IV-TRによると慢性チック障害に含まれる障害である。多彩な運動性チックか、1つないしそれ以上の音声チックが同時に、あるいは同時でないとしても併存する障害で、発症は18歳以前である。報告によると、高い確率で精神神経障害を併発するとされ、なかでも代表的な併発症として強迫性障害・注意欠陥多動性障害・気分障害などがあるとされている。

●チックは投薬で改善する例もあるが、環境的な要因が症状に大きく影響する場合が多いので、生活環境の調整が同時に必要となる。とくに親子関係の緊張や強いストレスが要因となる例や、チックをやめるように親から叱られる例などは、チック症状の重症化に関係している。

●吃音も、親や関係者からの叱責や誤った矯正によって重症化することがある。言葉と聞こえの教室や特別支援学級への通級制度などを利用しながら、家族の関わり方を学習し、児童・生徒へはプレイセラピーなどで言葉の発達を支援するといい。

●トゥレット障害は精神神経症状を併発する場合が少なくないので、精神科などでの投薬治療を勧める。生活のしにくさが学校や家庭で重層的に発生することがあるので、本人も大変苦しんでいる。生活面でのストレスの軽減などに取り組むことも必要なので、薬物療法に加えて家族療法などを取り入れたい。

●チック・吃音・トゥレット障害などは放置せず、専門医の診断を受け、一般身体疾患がないことを確認する。そのうえで教育センターや教育相談所、発達支援・特別支援学級などでプレイセラピーや言葉の発達の支援を得ると同時に、子どもへの接し方を学ぶ親心理教育を実施するといいだろう。

《ドクター吉村の一言アドバイス》

　チック障害はDSM-IVで一過性チック障害、慢性運動性あるいは音声チック障害、音声および多発運動性の合併したチック障害、トゥレット障害、特定不能のチック障害に分類されている。心理的ストレスが発

症のきっかけとなり、経過や予後にも影響することは明らかで、随伴する不安・強迫性障害や環境因を遊戯療法や家族療法で取り除く。また重症には一時的な抗精神薬（ハロペリドール、リスペリドンなど）の投与も必要とすることがある。一過性であることが多いとたかをくくらず、慢性化予防の視点で早期から精神心理的アプローチに取り組むことが肝要である。

6 精神障害・精神病様症状・PTSD（心的外傷後ストレス障害）

A 小学6年のA男は教室の床に這いつくばり、「天井から首吊り用のロープが何本も垂れ下っている」と泣いて訴えた。また「床に動物の死骸が散乱し、天井の蛍光灯がばらばらと落ちる」と担任にしがみついた。翌日、夜中に家出をしてビルの屋上にうずくまっていた。警備員に発見されたとき「死にたい」と漏らした。

B 高校1年のB男は突然、登校しなくなった。「自分の醜い顔が父親に似ている」「なぜ父親と結婚したのか」と母親を問い詰め、「自分の顔が他人を不快にさせる」と大声をあげ、風呂場にこもった。はさみで頭を切り落とそうとして首を切り、血だらけになって病院に搬送された。病院では精神病様症状と診断された。

C 中学2年のC子は家の梁にロープをかけて自殺しようとしたところを母親に発見された。毎晩のように絶叫し、意味不明の言葉を発していた。担任から病院で診察してもらうように言われたが、母親は拒否した。学校は、兄から性的虐待を受けているのではないかと児童相談所に通告していた。

　A男の家庭はインテリで裕福だった。家族は長男であるA男に大きな期待を寄せ、小学3年から進学塾に通わせた。祖父母が成績をチェックし、よ

くないと長い説教が待っていた。家柄を気にして、友達付き合いも祖父母に制限された。両親は祖父母にさからえず、難関の名門校への受験を拒めなかった。むろん担任による教室での異常行動の報告も祖父母に無視され、病院などに相談へ行くことはできなかった。その理由は、Ａ男の精神科受診が近所に知られることを祖父母が恐れたことだった。Ａ男はビル管理会社の警備員に保護され、警察署から直接、自宅からは遠い児童精神科病棟に入院した。

　Ｂ男の家族は仲よく生活していたが、Ｂ男の部屋はなく、年齢相応の自己主張は両親の無言の拒否でつぶされていた。父親の「我慢しろ」母親の「良い子でいてね」は絶対的で、Ｂ男は「俺なんか生まれなかった方がよかった」と母親に訴えていた。とくに父親に似た顔立ちに強いこだわりをもち、それが人を不愉快にさせると思い込んでいた。Ｂ男ははさみで頭部を切り落とそうとして精神科病院に緊急入院したが、適切な治療で３カ月後に退院し、投薬治療を受けながら徐々に社会復帰していった。

　Ｃ子は性的虐待による急性期PTSDの症状と思われた。兄は非行を重ね少年鑑別所から出所してきたばかりだった。Ｃ子の症状は兄が入所している間は消え、兄が出所すると再発した。兄は公園で児童に猥褻行為をして逮捕された経験をもつ。学校も民生委員も警察官もＣ子の家を注視していたが、自殺企図を防止することはできなかった。Ｃ子は精神科入院後に児童養護施設に入所した。

精神障害・精神病様症状・PTSDに関して

●統合失調症の好発期は20歳前後であり、12歳以下の発症は非常に稀である。だがＡ男の場合は、家庭と教室での異様な行動が１カ月以上続き、はっきりとした妄想と幻覚もあったので、入院先では児童期発症統合失調症の可能性があると診断された。家族内に同様の症状をもつ者が複数いることから、家族ストレスおよび受験の重圧と脳の器質的要因が重層的に重なったものと考えられた。Ａ男が心の安らぎを得たのは、自宅から離れた病院に入院した後だった。

●Ａ男ははっきりとした妄想と幻覚がみられたが、Ｂ男の場合は幻聴様体験と被害念慮が主で、一過性の精神病様の症状体験と診断された。搬送直後は、統合失調症の早期か境界パーソナリティ障害か、青年期特有の精神的不

安定なのか、様子をみて判断したいとの話だった。幸い薬によく反応して、短期間で退院となり、しばらく服薬しながら登校を続けた。両親は病院で心理教育を受け、B男の年齢相応の接し方を学び、生活環境を整備した。
●心的外傷後ストレス障害（PTSD）では心に深い傷を受ける体験をして強い恐怖感や無力感、戦慄を覚え、その出来事が再び起こるのではないかという苦痛・不安・恐怖を感じるようになる。3カ月未満を急性期、それ以上を慢性期と呼ぶ。
●一見すると、PTSDの急性期症状は青年期の精神障害と類似している。PTSDの慢性期には抑うつを呈することが知られているが、大きな心理的ダメージを受けた直後には、精神的危機から激しい行動化が生じ、自傷他害に至る例もある。
●精神障害のうち、とくに統合失調症に対する社会の偏見は根強いものがある。A男の家族の成員に複数の精神障害者がいることを併せて考えると、祖父母・両親ともに地域の偏見に苦しめられた複数の体験をもち、そのことがA男の早期治療をはばむ要因になったことは否めない。
●統合失調症は思考障害で、急性期には幻覚・妄想・混乱が生じ、3カ月から半年前後それが続く。PTSDの急性期の症状、とくに「混乱」は統合失調症と誤解されることがあるが、関連は否定的である。なおPTSDの慢性期の一部が、うつ病や解離性障害などの精神障害へ移行する報告が多数なされている。また、近年は青年期の抑うつが多数報告されていて、社会的引きこもりに付随する症状という報告もある。

《ドクター吉村の一言アドバイス》
　青年期に比べ、より早期の児童期後半の統合失調症は、理由のない興奮、幻視、妄想（空想的・魔術的なものが多い）、独り言、空笑、昼夜逆転、不登校、引きこもりなどの突発的行動異常で発症することがあり、早期発見が難しい場合がある。説明できない行動異常を児童期や思春期でみた場合には、一度は本症の発症を疑うことが重要である。発症のきっかけが家族構造上のストレスや虐待によることがある。一方PTSDは災害や事故のような重大事件による単回トラウマによる統合失調様発症（I型トラウマ）、虐待や戦争被害のように繰り返されるトラウマ（II

型トラウマ) によって否認、乖離、無方向の強い怒りなどの症状があるが、後者のパターンでは、C子のように急激な精神症状による増悪で顕著になることも若年PTSDの特徴とされる。

7 抜毛症

A　小学2年のA子はひとりっ子。A子が毛髪を抜いた部分は後頭部10センチ四方だった。皮膚科で塗り薬をもらったが、生えてきた産毛も抜いてしまった。髪で覆い隠していたが、体育のときに他の子からからかわれ、不登校になっていた。母親は抑うつ、父親はパニック障害で治療を受けていた。

B　小学5年のB子は頭頂部10センチ四方の毛髪を抜いていた。担任の配慮で教室内のいじめや冷やかしはなかった。B子は気にもしないで登校を続けていたが、母親が「みっともない」「私が近所から笑われる」と言った後、登校しなくなった。両親は地域で自営業をしていて、評判を気にしていた。

C　中学2年のC子は側頭部に2カ所、10センチ四方の毛髪を抜いていた。さらに眉毛・まつ毛まで抜いていた。毛髪がない面積は広く、頭頂部を除いて側面は皮膚が露出していた。C子はいじめや冷やかしを気にせず登校していた。ある日、下校時間を過ぎても帰宅しないので、担任が注意すると泣いてしがみついた。

　A子の両親は真面目で几帳面な性格だった。母親は2子流産後にA子を出産。育児ノイローゼを経験し、精神安定薬を投与されていた。父親はパニック障害の治療を受けていた。A子は成績がよかったが、教室で孤立しがちだった。A子はテレビを見ながら部屋の隅で抜毛をした。母親は毛髪の塊から円形脱毛症かと思い、A子を病院へ連れていった。しかし投与された塗り薬は効かず、まつ毛・眉毛も抜毛していたことを知り、衝撃を受けた。登校できなくなって3カ月後、A子は児童精神科に通院しながら適応指導教室に

通いだした。

　B子の両親は自宅で自営業をしていて多忙であり、B子は4子の長女として弟妹の面倒をみるように厳しくしつけられていた。両親の自営業はうまくいっておらず、母親はB子にイライラをぶつけた。母親はB子の抜毛を「やめなさい」と怒鳴り、ときには手を上げることもあった。B子の両親に親心理教育をおこない、生活の改善を実施すると、B子の抜毛と不登校は改善された。

　C子の両親は不和だった。C子は父親と寝ていて、妹は母親と寝ていた。父親は家で仕事をしていたが収入は少なく、母親はパートをかけもちし、夜間も不在だった。C子の抜毛は担任によって発見され、担任は「何かきっかけがあるの」とC子に聞いた。C子は「いやなこと」を理由にあげたが、詳しいことは話さなかった。母親との面接で、担任が「帰宅をいやがること」と「いやなこと」との関係を聞いたところ、母親は父親が性的な接触をしている可能性があると述べた。母親はC子を連れて離婚し、母親と暮らすようになってC子の抜毛は解消した。のちにC子は「醜くなれば父親から相手にされない」と抜毛の理由を述べた。

抜毛症に関して

●抜毛症はアメリカ精神医学会のDSM-IV-TRによれば、衝動抑制の障害に分類されている。その症状として、以下のものがある。①繰り返し体毛を抜き、その結果、体毛の喪失が目立つようになる、②体毛を抜く直前、またはその行動に抵抗しているときの緊張感のたかまり、③体毛を抜いているときの快感・満足・開放感、④その障害は、他の精神疾患ではうまく説明されないし、一般疾患によるものでもないこと、⑤その障害は臨床的に著しい苦痛、社会的・職業的または他の重要な領域での障害を引き起こしていることである。

●A子の場合は両親とも精神的な治療を受けていたので、A子にもストレスへの脆弱性があったと思われる。B子の家族に精神的な問題はないが、生活はストレスフルだった。C子の場合はストレスフルな生活のうえに父親からの性的接触があり、それを避けようとして抜毛していたと考えられる。

●抜毛症は稀なケースと思われているが、そうではない。詳しい原因や治療

法が確立されていないので、円形脱毛症などとして皮膚科で扱われる場合も多い。処方された塗り薬で産毛が生えてきてもすぐに抜くので、毛根が根こそぎなくなり、発毛を回復するまで時間がかかる場合が多い。
● 児童・生徒の多くは、あまり気にせず登校を続ける。だが、家族が気にして注意したり、あるいはＢ子の母親のように「みっともない」「笑われる」などの言葉で傷つき、いじめやからかいの対象となって不登校に至る例も少なくない。
● Ｃ子のように意図的に、あるいは半意図的に抜毛する場合もある。体毛の喪失は、とくに頭部であれば周囲の注目の的になり、いじめやからかいの対象になりやすいことを学校関係者は危惧し、注目する。Ｃ子は家庭生活でのＳＯＳを抜毛という方法で発したとも考えられる。
● 抜毛症と発達障害の関連を説く関係者も少なくない。Ａ子の場合、成績はよかったが教室のなかで孤立していた。大人との対話は困難ではなかったが、同年代の女子との対話にはついていけなかった。対人的相互反応の質的な障害、とくに発達水準に見合った仲間関係をつくることが困難だった。
● また髪の毛を捻じ曲げて抜くという行為に持続的に執着し熱中することからも、抜毛症は発達障害の常同行動と類似していると捉えることができる。

《ドクター吉村の一言アドバイス》
　精神的衝動にかられ、無意識の行動として自分の体毛、毛髪、眉毛、睫毛などを引き抜く習癖を抜毛症という。脱毛は手の届きやすい前頭部に多く、毛を食べてしまう食毛を合併していることも珍しくない。10歳くらいまでに発症し、その後、精神的成熟につれて自然軽快するものと、それ以降に出現する心因、精神障害、発達障害に背景を置いているものに分けられる。後者は不登校、摂食障害などとも合併し、家族構築の破綻などの心理的ストレスに対するＳＯＳのサインであったり、統合失調症や重いうつ病が背景にあったり、また発達障害が基礎にあり、何らかの心理的なストレスで顕著化することもある。いずれにせよ早期介入で軽快する可能性が高く、抜毛症が10歳以降にみられた場合、そのうち軽快すると放置せず、必ず精神心理の専門家につなげることが重要である。

8　リストカット・自殺未遂・摂食障害

A　中学2年のA子は無数のリストカットをしていた。切り傷は上腕部に達し首筋に迫る勢いだった。A子は拒食症も併せもち、保健室登校から不登校になり、万引きで保護された。両親が警察に呼び出されて面会したとき、A子は絶叫し卒倒した。母親の口癖は「そんなに死にたかったら勝手にしなさい」だった。

B　高校1年のB子は、リストカットをしてシンナーを吸引しているところを母親の通報で警察官に保護された。シンナー吸引での保護は2度目だった。母親はシンナーの瓶が押し入れのなかに山積みになっているのを発見し、リストカットは神経を切断するほどの重傷だった。B子は「死にたい」と述べた。

C　高校1年のC子は、トイレのフックにベルトをかけて自殺しようとしたが失敗した。ドスンと音がして制服のスカートがトイレのドアの下から見え、カッターナイフがドアの外に転がり、同級生が発見して病院に搬送された。母親は成績のよい弟を溺愛し、父親に似ていたC子を毛嫌いしていた。

　A子の両親は高度専門職についていて裕福だった。A子は私立の進学校に推薦で入学したが、成績の伸び悩みに苦しんでいた。妹はA子が所属する高校よりもさらに進学率が高い高校を受験する予定だった。母親は妹を溺愛し、A子を嫌った。A子のリストカットと拒食症は中学入学後から始まったが、母親はA子に「なんでお母さんを苦しめるの」と言い、最後には「そんなに死にたかったら勝手にしなさい」と言い捨てた。父親は愛人をつくり、たまにしか帰宅しなかった。A子の両親がA子の社会復帰に向けて協働体制をつくるのには時間がかかった。
　B子の成績は母親の望むものでなかった。母親はB子に一切、期待しなくなった。そして、学校にも行かず自室でシンナーを吸引し、リストカット

しているB子を放置した。父親は会社を経営していたが、家庭では母親に暴力を振るっていた。B子は家出を繰り返し、非行仲間と交遊した。母親はB子が自室でシンナーを吸いながらリストカットをしているときに警察に通報し、精神科病院に入院させた。母親の通報による警察の保護と入院は2度目だった。B子は「死にたい」と暴れて、強制的に精神科病院に入院となった。

　C子は父親っ子で、弟と母親は大変に仲がよく、家族は二分されていた。母親はC子に何か問題が生じたときだけ注意を向けたが、その反応のほとんどは冷ややかなものだった。高校から呼び出された母親は、「こんなことをして高校から退学するように言われたらどうするの」とC子を責めた。C子は搬送された病院でもカッターナイフで手首を切った。C子の両親には家族療法が実施され、時間がかかったが両親の関係が改善し、C子も社会復帰していった。

リストカット・自殺未遂・摂食障害に関して

●リストカットは基本的に自殺とは異なるものと理解されているが、自傷行為や自殺未遂を繰り返した末に自殺に至るという報告もある。(1)
●消防庁統計では、自損（自傷）行為による救急車出場件数と救急車搬送人数は、1998年以降急激に増加しているという。(2)
●わが国の自殺件数は1998年以降12年間、毎年3万人以上になっている。中高年の自殺件数に目立った変化はないが、20歳代の自殺件数は増えている。また2001年以降は、学生・生徒の自殺件数が増加している（警察庁調べ、2008年）。
●松本俊彦は、児童青年期精神医学での自殺対策は致死性が低い自傷行為まで射程に含めたものでなければならないとしている。また、10代での自傷行為や自殺未遂は10年後の自殺既遂のリスクを数百倍に高める重要な危険因子だと指摘している。(3)
●松本によると、「自傷行為は自殺の意図なしにその行為の非致死性を十分に予測したうえで非致死的な手段・方法で自らの身体を損傷する行為」と定義され、「自殺の意図をもって、その行為の致死性を予測したうえで、致死性の高い手段・方法で自らの身体を損傷する行為」と定義される自殺企図と

は明らかに異なっている。⁽⁴⁾

●摂食障害は、①神経性無食欲症（拒食症）と②神経性過食症（大食症）に分類できる（DSM-IV-TR、2006年）。A子の場合、中学校入学後に食事を少量しか摂らなくなり、極度にやせていた。母親は「なんで私を苦しめるの」とA子を叱ったが、A子はリストカットをしてさらに母親の注目を引こうとした。母親が妹を偏愛していたからだ。万引きで警察署に呼び出された母親は、父親とともに警察官から諭されて家族関係の再構築に取り組んだ。時間がかかったが、A子の問題行動は改善をみた。

●B子の家族は解体していて、B子と母親との関係回復も不可能になっていた。B子はのちに非行仲間の子を妊娠するが、父親の介入により堕胎させられた。B子は家出し行方不明になって、その後の消息はわからない。

●C子の家族には病院の医師と心理関係者による家族療法が2年間ほど実施された。月1回の面接に両親は欠かさず出席した。母親の当初の目的は「弟への影響を回避したい」だったが、家族の機能が回復するにしたがって、C子への関わり方も変化していった。

《ドクター吉村の一言アドバイス》

　手首自傷症候群は圧倒的に思春期以降の女子に多く、利き腕と反対側の手首に浅く、外科的処置を必要としない、何条にもなった「ためらい傷」をつけるのが通常だが、ときに上記のように腕や肩の内外側、胸腹部までに及ぶこともある。摂食障害の経過中に観察されることも多く、症状は反復する。人格障害と診断されることも多いが、基本的には、思春期の子が家庭・交友・学校などの人間関係で挫折を感じた際に自己存在感を喪失して自己への陰性感情が高まり、現実感を取り戻す試みと解釈され、注意を引こうとするものから、気づかないうちに多くの傷をつけているものまである。自殺と直接結び付かないという一般通念は危険であり、自己不全感、疎外感、空虚感など自殺の際と同様の心理的働きかけが必要なことは、どんなに強調してもしすぎることはない。

9 アスペルガー障害・ADHD（注意欠陥／多動性障害）・学習障害（LD）・PDD（広汎性発達障害）

A 小学5年のA男は私立の進学校に通学していた。勉強はよくできるが、友達関係が築けず冷やかしの対象になっていた。体育の時間にカッとなったA男は同級生を殴りケガを負わせた。その相手の母親は苦情を申し立て、A男の転校を強く希望した。

B 小学4年のB子は少しもじっとしていない。教室から抜け出して校庭を走り回り、制止しようとすると奇声をあげた。整理整頓ができず、忘れ物が多く、順番も守れない。指導する担任は疲れ果て、他の保護者から苦情が寄せられた。

C 中学2年のC男は漢字を書くのが苦手で、国語の時間はいつも寝ている。起こしてもすぐに眠る。とくに作文が苦手で、小学校低学年レベルの漢字だけでなく、文章も書けない。指導をしようとすると教員を強くはねのけ、ケガを負わせた。

D 高校1年のD男は、他人と視線を合わせることができず、コミュニケーションもとれない。簡潔に指示すると理解できるが、複数の内容を一度に伝えるとパニックになる。パソコンなどの扱いはじょうずである。こだわり始めると、思考が停止したような状態になる。

　A男は小学校入学後にアスペルガー症候群であることが判明した。年齢相応の社会性が身についておらず、対人関係がうまく築けない、こだわりがある、約束が守れないなどの症状が集団生活の妨げになり、しばしばトイレなどに引きこもってしまう。体育が苦手で、冷やかされると同級生を殴ることもあった。
　B子は幼稚園5歳児クラスのときにADHDの診断名がついた。着座の維

持が困難で集中力がなく、順番が待てないなどで集団生活が難しかった。両親は社会的に成功していたが対人関係は不得手で、家族全員がADHDの傾向をもっている。その一方でB子は特異な才能をもっていて、将来はその才能で進学する予定だ。

C男は学習障害（LD）のなかの書字の障害だと思われる。プライドが高く傲慢な感じがするが、内実は強いコンプレックスを抱いていた。文章が書けないし、漢字は形をなしておらず、とくにひらがなはバランスが悪くて同級生のからかいの対象になった。母親も同じ傾向がある。ただ対人関係は良好で、英語はじょうずに話せた。将来は旅行ガイドなどを目指す予定だ。

D男は視線を合わせての会話ができない。意図して簡潔に伝えようとすると伝わるときもあるが、横や後ろから声をかけた程度では伝わらない。こだわりが強く、こだわり始めると他のことができなくなる。内面に強い怒りを抱いていて、いつか大きなことをして見返してやろうという意思をもっていた。パソコンなどの操作は得意なので、その領域で職業につけるように指導した。このような例は、以前は高機能自閉症と呼ばれていたが、現在は広汎性発達障害（PDD）と呼ばれている。

アスペルガー障害・ADHD・学習障害・PDDに関して

●アスペルガー障害は対人的相互反応の障害で限定的・反復的な行動・興味・活動の様式をとる。その障害は著しい社会的・職業的またはその他の領域での機能の障害を引き起こすが、言語習得は遅れがないとされる。ほとんどが、A男のように仲間関係形成の失敗のエピソードをもつ（DSM-IV-TR、2006年版）。

●ADHDは、その多くが6歳以前に発現する障害で、注意欠陥／多動性障害と呼ばれていて、不注意優位型と多動性優位型、衝動性優位型の2つに分けられる。さらに、7歳以降に発症する事例や基準を完全には満たさないような事例を「特定不能の注意欠陥／多動性障害」と呼ぶ。B子の事例は多動性優位型のADHDである（DSM-IV-TR、2006年改訂版）。

●学習障害（LD）は読字障害、算数障害、書字表出障害、特定不能の学習障害に分かれる（DSM-IV-TR、2006年度版）。前三者はそれぞれ、年齢相応に期待される読み・書き・算数の能力の障害をさし、特定不能の学習障害は

読み・書き・算数・書字表出のすべてに問題がある場合をさす。C男は読むことはできたが、長い文章を読んで理解したり、文字にして表現することは極めて困難であり、書字もバランスが悪くて書きなぐったようになっていたので、特定不能の学習障害と診断された。
●PDD（広汎性発達障害）は、視線が合わない、仲間関係の構築ができない、対人的情緒の欠如、他人と対話を継続することの困難、社会性の欠如、強いこだわり、常同的で反復的な行動などを5歳までに発症する。この障害は生活における生活全般的な認知的な特徴があり、偏った行動によって特徴づけられる。D男のように集団生活で長期間困難を感じ、被害的な思考をもつに至る例もある。
●アスペルガー障害とPDD（広汎性発達障害）の関係では、自閉症スペクトラムの一環としてアスペルガー障害がPDDのなかに含まれるとする立場と、両者は異なった障害であるとする立場がある。ICD-10（2005年版）やDSM-IV-TR（2006年版）では、PDDの一環として記述されている。
●発達障害は「通常、幼児期、小児期、または青年期に初めて診断される障害」のなかに分類され、①精神遅滞、②学習障害、③運動能力障害、④コミュニケーション障害（吃音症など）、⑤広汎性発達障害（自閉性障害、アスペルガー障害、特定不能の広汎性障害など）、⑥注意欠陥および破壊的行動障害、⑦摂食障害など、⑧チック障害、⑨排泄障害、⑩その他の障害となっている（DSM-IV-TR、2006年版）。近年、学校教育現場での発現率は0.6％前後と報告されている。

《ドクター吉村の一言アドバイス》
　2005年施行の発達障害者支援法による定義では、発達障害は高機能広汎性発達障害（アスペルガー症候群、高機能自閉症、特定不能の発達障害）、学習障害LD（読字、書字、計算障害）、注意欠陥多動性障害ADHD（不注意優性型、多動・衝動性優性型、混合型）に分類される。何よりも近年の問題は、高機能、すなわちIQ70以上で知的障害がなく、しかし、自閉症の特徴である社会性障害、コミュニケーション障害、想像力障害をさまざまな組み合わせでもつ、高機能広汎性発達障害（自閉症スペクトラム）の存在の多さ（1,000人あたり6〜7人）である。LDやADHDを

合併し、心身症を高率に合併し、診断されないと不登校、解離性また強迫性障害などの2次障害を併発して社会的な適応障害を起こすことである。就学までの早期発見がベストだが、学童期、思春期に不定愁訴で繰り返し保健室を訪れる場合などには発達障害の可能性を疑ってみること、そして専門機関受診と連携、また学校での個別の対応など早期に精神心理的ケアにつなげることが何よりも重要である。

10　身体的虐待・ネグレクト・心理的虐待・性的虐待

A　小学2年のA男は同級生を殴ってケガを負わせた。担任が母親を呼んで面会したところ、母親の顔と腕にあざがあることを発見した。母親は日常的に夫から暴力を受けていると語り、母親もA男を暴力でしつけていた。

B　小学6年のB子と小学4年の弟は首筋に垢がたまった状態で足の爪も伸びきっていた。服も清潔とはいえず、学校は休みがちだった。担任が家庭訪問するとB子は3人の弟の世話をしていた。母親はパチンコ依存症だった。

C　C子の母親は、いつも「おまえは疫病神だ」と言っていた。母親はクレーマーで、担任の対応の不満を校長に訴えていた。そして「お前を産んだせいで不幸になった」とC子を責めた。C子はそうした母親をスリッパで殴っていた。

D　小学5年のD子は夜になると不安定になり、母親にしがみついた。母親が離れると絶叫した。もともとD子は父親っ子で、父親と一緒の布団で寝ていた。不登校になった頃は父親のいない昼間に寝ていて、昼夜逆転の生活だった。

　A男の家庭では暴力の連鎖が顕著だった。両親は暴力のなかで育ち、暴力が唯一の解決の手段だった。A男は小学校入学後から交友関係がうまくいか

ず、何かあると暴力で解決をしようとした。A男の母親の振る舞いは身体的虐待の範疇に入るが、母親はA男を愛していたので親心理教育を実施し、様子をみることにした。適切な接し方を教え、継続してサポートしたところ、やがて改善をみた。

　B子の母親はパチンコ依存症で、B子に金を渡して3人の弟と自分の昼食を買って食べるように指示し、早朝から不在だった。父親は離婚していない。同居している祖母も不在で、B子が家事一切を任されていた。B子を含む3人の子が不登校になっていたので、ネグレクトと判断して児童相談所に通告した。母親は生活保護費から児童手当が削除されることを不服として、子どもたちの施設入所を拒否した。

　C子は母親から否定的な言葉を浴びせかけられながら育った。母親もその母親から冷徹な言葉を浴びせかけられて育っていた。母親は抑うつの治療を受けていて、父親は子どもに無関心だ。心理的虐待の連鎖が観察された。C子の家庭内暴力が激しくなり、児童相談所の介入によって児童養護施設へ入所となった。

　D子は3人姉妹の長女で父親っ子だった。家族5人は川の字になって寝ていた。D子は父親に寄り添うように壁際に寝ていたが、ある日を境に母親にしがみつき、父親とは反対側の壁側に寝ると言い張った。夜間を通して覚醒し、父親が近寄ると絶叫した。母親は驚き、「何があったのか」とD子に聞いたが、D子は答えなかった。D子には父親の行為（性的虐待）の意味するものが理解できなかったのだ。

身体的虐待・ネグレクト・心理的虐待・性的虐待に関して

●身体的虐待は、厚生労働省のウェブサイトによると「殴る・蹴る・投げ落とす・やけどを負わせる・おぼれさせる」などで、発生件数は児童虐待のなかでいちばん多い。しつけのつもりでも、殴れば虐待と認識される。近年は強く揺さぶることも虐待と捉える。
●ネグレクトは「家に閉じ込める・食事を与えない・ひどく不潔にする・自動車のなかに放置する・保護者以外の同居人による虐待を放置する」などをさす。教育を受けさせない・必要な医療を受けさせないなどもネグレクトである。

●心理的虐待は「言葉による脅し・無視・きょうだい間での性差的扱い・子どもの目の前でドメスティック・バイオレンス（夫婦間暴力／DV）をする」などで、主に言葉による暴力をさすが、肉体的な暴力も心理的虐待と捉えるようになっている。
●性的虐待は「性的行為の強要、性器や性交をみせる、ポルノグラフィの被写体にする」などをさす。隠れた虐待で、最も発見が困難である。
●A男の母親も父親も、暴力の応酬が日常的な家庭で育っていた。このような場合、家族が連鎖に気づき、その連鎖から脱する動機づけが必要になる。暴力以外の解決方法を学習し、成功体験を味わい、体験を積み重ねる時間が必要となる。
●B子のような家庭は少なくない。両親が離婚し、単身の親が何らかの依存症で、親としての機能を果たしていないのだ。多くは長子が親の役割を担っていて、不登校になっている。こうした子らを社会が放置することは、二重のネグレクトとなる。
●C子の家庭のように暴力的な言葉が日常生活で交わされて、それが世代を超えて繰り返される例はしばしばみられる。C子は母親の背丈を抜いた時期から逆に母親に暴力を振るうようになったが、こうした例も少なくない。
●不登校になった女子のうち、相当数に性的虐待が発見される。性的虐待は自宅にいること自体が虐待を受ける危険をはらむので、学校は母親が子どもを守れるか否かを判断しなくてはならない。D子の場合は担任からの話で母親が気づき、母親の傍で寝かせることで安定を得た。これは性虐待の未然防止に該当する。
●虐待の相談の中核は児童相談所だが、福祉事務所や市町村、保健所、子育て支援センター、民生・児童委員、保育所・学校、医療機関、児童福祉施設、民間の相談機関などでも扱っている。近年はネットワーク化が進んでいるが、一方で虐待の重複化や重症化、多様化も起こっている。

《ドクター吉村の一言アドバイス》
　上記の事例でもわかるように、虐待は身体的、性的、心理的、そしてネグレクトと分類されているが、その本質は根底にある「ネグレクト」、すなわち「不適切な養育環境」である。ネグレクトの持続の結果が目に

見える虐待という形で可視化される。マスコミ報道が「かわいそうな子ども」「醜い保護者」「動かない行政」を強調して社会の関心を呼ぼうとする「悲惨な事件」が注目を集めがちだが、虐待当事者の30％以上が虐待の事実を認めて支援を求めているという事実に着目し、ネグレクトを我々自身がネグレクトしない、すなわち、いつもいつも「いま、こどもの安全を守る行動を自分はとっているか」と胸に手をあて、襟を正して、虐待が起きそうな環境、起きかけている環境を見逃すことなく、報告、連携を個々の持ち場で我々自らが動くことがいま、強く求められている。

11　校内暴力・少年犯罪・犯罪被害

A　中学2年のA男は校内で暴れて登校禁止処分になり、そのまま不登校状態になった。A男は自転車を盗んで乗り回しているときに巡回中の警官に呼び止められ、逃げ回った末に補導された。自転車を盗む行為での補導は2回目で、他に万引き3回、盗んだバイクを乗り回して1回補導されている。

B　中学2年のB子は出会い系サイトから援助交際をおこない、張り込み中の警察官に補導された。仲間を引き入れて同じ中学から数人が援助交際をしていて、稼いだ金で高価な装飾品などを買っていた。B子らはきちんとした家庭に育ち、登校し、進学塾にも通っていて、両親らはB子らの振る舞いを知らなかった。

C　中学3年のC男はサイトで男性と知り合い、誘われるままホテルに行った。行動に疑問をもった父親が尾行して事件を知り、男を警察署に突き出したが、男は「ホテルに泊まったが何もしていない」と主張した。警察官は「C男が被害を否認している状況ではいかんともしがたい」と父親に述べた。

　A男の兄弟全員が不登校で、無職の父親は朝から飲酒し、気に入らないことがあれば母親に手を上げた。近所では大きな事件が発生するのではないか

と危惧していた。校内暴力事件後に学校関係者は家族から一切の連絡を遮断され、唯一この家族と接点をもつのは生活保護を扱う社会福祉局の職員であり、民生委員と警察署とが連携して事件の発生をなんとか防止していた。

　中学校は警察署からの連絡でＢ子の事件を知った。張り込み中の警察官は他の学校の女子の情報からＢ子たちが援助交際を続けていることをつかんでいた。中学校関係者が驚いて警察署にかけつけると、取調室には見たこともない化粧をしたＢ子たちがいた。彼女たちはそれまで、どちらかというと目立たない生徒であり、生徒会活動にも積極的ではないが参加していた。両親は一様に「何かの間違いだろう」と思った。しかし、Ｂ子たちの部屋の押し入れには高価な装飾品が積まれ、見たこともないブランドの服も見つかった。ショックを受けたのは両親と学校だった。10日の出席停止処分後にＢ子たちは学校に復帰したが、犯罪に関わったという認識はほとんどなく、その後は通常の中学生に戻った。

　Ｃ男の両親がＣ男の行動に疑問をもったのは、中学３年で高校受験を控えているのに、何か腑に落ちないものを感じたからだった。父親は毎晩、家を出ていくＣ男に違和感を抱いていた。そこで父親はＣ男を尾行し、ホテル前で待ち伏せ、男を取り押さえて警察署に連れていった。警察署ではＣ男が未成年であることを重視したが、Ｃ男はホテルで男と話をしていただけだと主張し、男も事件を全面否定した。被害の訴えがなく証拠もないので、警察は何もできなかった。

校内暴力・少年犯罪・犯罪被害に関して

●中学校の校内での暴力行為発生件数をみると、2002年に一度減少したが03年から再び増加傾向になり、12年現在は25万人程度で高止まりになっている（『犯罪白書』法務省、2009年）。校内暴力と非行の直接の関連を示したデータはないが、発達や社会的な影響から相互の関連は当然あるものと考えられる。

●校内暴力には、①対教師暴力、②対生徒間暴力、③対人暴力、④器物破損の４種があり、Ａ男の場合は対教師間暴力と器物破損だった。Ａ男はもともと社会性が低く、父親と似て、感情を爆発させ暴力行為に走りがちな行動傾向をもっていた。体格も大きく、学校がもてあまして登校禁止処分としたと

ころ、父親が「そんな学校に行くな」と言い、兄弟全員が不登校になっていた。
●戦後、少年犯罪と犯罪被害は減少しているといわれる。確かに、刑法犯は全体的には減少していて、殺人などの凶悪犯も減少している。しかし強盗は増加していて、未成年の万引きなども減ってはいない（警察庁、2010年）。
●犯罪被害に関しては、「物騒な世の中」といわれているわりには被害数は減少している。暴行や傷害・強制わいせつ事件も、データをみるかぎり減ってきている。殺人事件の子どもの被害も1990年以降減少傾向にある。
●「家庭の教育力の低下」は校内暴力の報道とペアで論じられることが多いが、生活習慣・しつけ・社会性が培われていないことに端を発するといわれている。家族の解体が論じられて久しく、家庭にだけ原因を帰しても改善は困難だろう。
●長らく学校保健への精神科医の関与の必要性が説かれてきたが、心理的危機や精神的危機だけでなく、暴力事件や非行問題に対しても、既存の学校保健の枠組みでは対応が困難になってきている。B子たちの援助交際の事例やC男の事例のように、これまでなかった理解不能で多様な事例が増加しているからだ。
●児童・生徒の新しい社会問題は、覚醒剤などの薬物の問題と絡んで、より一層の困難性を発現させる。たとえば、A男たちが地域で薬物乱用や性感染症の問題を起こす可能性が全くないとは言いきれないし、暴行・傷害事件を起こす可能性も低くない。その場合、「登校していないから学校は関係ない」とはいえない。児童相談所・警察署・青少年センター・児童委員などと連携をとりたい。

《ドクター吉村の一言アドバイス》
　ここで述べられている問題行動は「行為障害」に分類され、反社会的・攻撃的・反抗的な他人の権利をおかす行動が6カ月以上持続する場合をさす。「家庭内に限られる行為障害」「非社会型行為障害」「社会型行為障害」「反抗挑戦性障害」の4つがあり、10歳以前発症の小児期発症型とそれ以降の青年期発症型に分けられる。若年発症ほど予後は悪い。社会に受け入れられない行動をとっているのに自分のなかに問題がある

と認識できず、葛藤が生じたときに自分の気持ちを言語化して解決できず、自己評価は低い。支持的によい点を見つけて褒め、気持ちを表現するための手助けをする一方、家庭と学校、地域、司法などの専門機関との連携で生活や社会の枠組みを明確に提示し続け、毅然として社会規範をシステムとして説き続ける姿勢が問われる。

まとめ

　ここまで11項目、35の事例によって、現在の小・中学校での児童・生徒の危機介入・初期対応を述べてきた。教員が学校の危機や初期対応の必要性を認識させられる場面は、児童・生徒の異常である場合も多いが、児童・生徒が学校に来ない状況、あるいは保護者や地域からのクレームや苦情など多彩であり、しかもそのほとんどは予期せぬ内容や予知できない出来事だろう。
　予期せぬ内容や予知できない出来事は、教員を混乱させる。何から手をつけて何を解決すべきかわからなくなり、右往左往してしまう。児童・生徒の症状や反応、障害や病気、家族の状況や問題（その問題も親が訴えることと児童・生徒が訴えることが異なる場合がある）、多数の地域住民が関与した事件などもあって、教員は思考停止状態になってしまう。
　教員が思考停止状態になるということは、教員自身が「いま、ここで」の状況がわからない、つまり「教員自身が支援を必要としているのだ」ということがわからないことである。状況を把握して適切に対応するには、教員が「いま、ここで」起きていることを正しく認識する必要があるが、これが難しい。状況は想定の範囲を超えて刻々と変化し、「まさか、まさか」の現実に教員は打ちのめされてしまう。
　第1章で取り上げた小学4年女子の自殺事件の教頭と担任のように、我を忘れた反応を示し、取り返しがつかない結果を招いてしまうことも稀ではない。そうならないために、本書には既知を育て、想定の幅を膨らませておき、危機介入・初期対応をシミュレートしたいという目的がある。想定の範囲を膨らませ、既知を育て機知を培いたい。教員が事件に翻弄され、消耗し燃え

尽きるのを防ぎたい。

　ちなみに、児童・生徒の症状や反応、障害や問題は、「いま救助を必要としている」というサインである。だが、児童・生徒の救助のサインの多くは、教員の立場ではしばしば「困った行動」「問題児童・生徒」という認識になってしまう。同じように、保護者や地域住民が発するクレームや苦情の多くも生活の困難からの救助信号だが、教員の認識は「困った保護者」「困った地域住民」となる。そうした教員の認識傾向は改めなければならないだろう。

　同じように、教員が「まさか」の現実に翻弄され「困っている状況」は、教員自身が救助を必要としている状況にあることを意味する。この救助信号に教員自身が気づかないことも多い。教員は、自分が助けを必要としている状況を認めたがらないし、周囲も気づかない場合がある。第１章で述べたように、自殺をした教員もこの例だった。他の教員の救助信号に無頓着な教員も少なくないのだ。

　児童・生徒が示す反応と障害、症状と問題、主訴と解決したい本当の問題は、さまざまな構図をもって教員の前に立ちはだかる。しかし経験が浅い教員はこの構図が見えず、「原因は何か」を考え、原因がわからないと「自分の経験のなさが原因だ」と勘違いし、自分を責め、燃え尽きるまで自分を追い込んでしまうことがある。

　解決すべき本当の問題は、多様な症状と多様な障害、多彩な反応という衣をまとって教員の前に立ちはだかる。この構図を理解していないと、学校は適切な危機介入・初期対応ができないだけでなく、不適切な対応を選択してしまう可能性がある。問題の原因は一つではないし、答えが見えず、現実がただ広がっているだけの問題さえ存在する。以下に、学校が児童・生徒の心の問題に適切に対処するための手順を「まとめ」として示すことにする。

児童・生徒が示す反応と障害、症状と問題、主訴と解決したい問題の構図

　それらはどのような関係にあり、どのような構図をもっているのか。それらの違いをまず理解しよう。関係を簡潔に示すと以下のようになる。
①反応と障害の違い：両者は時間と関係がある。反応は一時的だが、障害は持続性がある。反応は医療の対象になるが、障害は福祉の対象である。
②症状と問題の違い：症状は明らかに医学的・心理学的・社会学的な生活の

困難であるのに対して、問題は困難を認識する人によって形成される個別性がある物語である。
③主訴と本当に解決したい問題との違い：主訴は誰がどこで相談するかによって選択される症状の一部だが、それは訴える人が本当に解決を目指している問題の一部にしかすぎない場合と、ほとんど全部である場合など、多彩で多様である。

　このように書くと、逆に理解できなくなってしまうかもしれない。たとえば本章第3節の心因反応の事例で、「お尻が痛い」と訴えたＡ男は小児科で痔の塗り薬をもらったが、別の小児科医は「心の問題」と診断し、困った母親は教員に相談し、教員は相談室での相談を母親に勧めた。

　面接でＡ男は祖父母が針でお尻を刺す場面を描画し、その後、両親は祖父母との同居を見送った。Ａ男は「お尻が痛い」という訴えをしなくなり、登校を再開した。この過程から、Ａ男が本当に解決したかった問題は家族を守ることだったといえるだろう。「お尻が痛い」という訴えと「不登校」は、家族を守りたいというＡ男の願いから作られた「物語」（問題）といえないだろうか。

　Ａ男の場合は不登校から2ヵ月、お尻が痛いという訴えから3ヵ月で解決に至った。もし解決されずに数年経過していたら、精神障害を発症し、長期の支援が必要になっていたかもしれない。あるいはそのまま登校を続けていたら、担任も気づかず、教室で問題を発生させ、学校危機になっていたかもしれない。いずれにしてもＡ男にとって、不登校は学校や社会に発した救助信号だったのだ。

問題の多くは不登校という衣をまとって教師の前に現れる

　第1節の遺尿で取り上げたＢ男の事例を思い出してほしい。Ｂ男の尿量を量るために男子トイレにビンが置かれ、Ｂ男はいじめから不登校になった。担任はビンが置かれていることは知っていたが、それがいじめの対象になるとは気づかなかった。

　不登校になり、相談室からの連絡で担任は初めて事の重大さに気づいた。Ｂ男は2週間程度で登校を再開したが、放置していたら長期の不登校から引きこもりに移行していたかもしれない事例である。

3日以上の欠席には対応が必要である。感染症などの理由がない欠席は、保護者や児童・生徒に直接連絡をして状況を確かめなければならない。5日以上の欠席であれば、直接家庭まで出向き、児童・生徒の心身の状況と生活状況を把握する必要がある。家庭訪問をしても児童・生徒と面会できない場合は、面会できない事情があると判断し、複数の教員が保護者と面談して、早期に状況改善に取り組む必要がある。その際、可能なかぎり多くの関係者とともに訪問をすること——それは忘れてはならない基本だ。

心と体の危機は扱いを間違えると学校の危機、教師の危機に発展する

　第2節のパニック障害のB男の事例を思い出してほしい。B男の母親も同じ症状をもつ。そのことを担任は知っていた。B男にもストレスに対する脆弱性が感じられた。進路指導の日、担任は落ち着きのないB男が教室にいるのを目撃していたが、いつものことだと見過ごした。そして、同級生の通報でパニック発作を起こしていることを知り、救急車を呼んだ。命には別条がない発作だが、その後、B男は発作を再び起こすのではないかという恐怖から、不登校傾向になった。

　人には、正常性バイアスという心のバランスをとろうとする仕組みがある。韓国の地下鉄火災で有名になった言葉だが、いままで警報が鳴っても問題なかったから、今回も問題はないに違いないと思い込み、煙が立ち込めて火が見えているのに避難せず、犠牲者が出た。正常性バイアスの心理規制が被害者を出す事態が話題を呼んだので、読者のなかにも記憶している人がいるだろう。こうした事態は教育現場の教師の対応にもあらわれることがある。そして、児童・生徒の心と体の危機を見逃すと、学校の危機、教師の危機に発展することがある。

危機は向こう側にあるのではなく教師であるあなたの側にもある

　教員の危機は学期当初に多発しやすい。第4節「場面緘黙」のA男の事例での両親の反応を思い出してほしい。入学後2年間、A男は場面緘黙だったが、問題なく登校を続けていた。3年になり新しい担任になってからA男はからかいの対象になり、登校をいやがるようになった。両親は学校に乗り込み「担任を変えろ」と迫った。その後、A男は完全な不登校になった。

A男の両親は社会的には成功しているが、話をしても納得する性格ではなかった。教員は「A男と両親は自閉症スペクトラム障害の可能性がある」と述べている。つまり、両親とA男の行動は事前に予測できた。であれば、担任を変えるときに複数の選択肢を検討し、いくつかの可能性を予測したうえで最悪の事態を想定し、最大限の防備をするべきだった。

　ちなみにA男の両親は「担任を変えろ」と訴えているが、真意は「拠り所を失って不安だ、元の担任にしてほしい」である。自閉症スペクトラム障害をもつ人々は変化に追いつけず、変化を受け入れにくい。

　クレームは理不尽な訴えと教員に認識されやすいが、事前に「担任は変わるが、前の担任としっかりと連携してA男を支えますから大丈夫です」と話し、A男と両親に心の準備を促していれば、不安をもたずにすんだ可能性がある。危機を防ぐには、学校自らが危機に陥る可能性があることを知り、事前に防備しなければならない。

当事者として「教師」は自分も救助を必要としていることに気づく

　第5節のトゥレット障害の事例で取り上げたC子の母親を思い出してほしい。定期試験のときにトゥレットの症状を強めたC子を見かねて、教員は別室で試験を受けるように伝えた。教員にしてみれば、同級生がいない部屋の方が刺激が少なく、安心して試験が受けられると配慮したつもりだった。だが母親は「差別で人権侵害だ」と、教育委員会に訴え出たのだ。

　母親のクレームの真意は何か。C子と母親は精神科の治療を必要としていた。だが、あまりにも理不尽で過酷な状況が家庭内で続いたため、精神科で処方された薬では不十分だったのだろう。

　母親が必要としていたのはC子の障害への「配慮」ではなく、C子と家族の「存続を地域で支える」ことだった可能性がある。もしかすると、C子と母親は後追い心中を考えるまで追いつめられていたのかもしれない。

　ともかく母親とC子には、たくさんの人々による十分なねぎらいといたわりが必要だった。小児精神科医・看護師・担任・心理士のチームでなされた家族療法で、母親とC子は徐々に安定をみている。

　同じことはC子の担任にもいえる。「差別で人権侵害」だと訴えられたとき、担任は孤立無援の状況になっていた。母親の激しい攻撃を前に、火の粉

が降りかかるのを恐れた同僚から見放され、校長や教頭からも「対応が適切でなかった部分がある」と言われ、パニックになっていた。だが幸いなことに、担任は相談室を思い出して駆け込み「自分が救助を必要としている」と訴えた。担任は自分が危機介入を必要としていることに気づいたのだ。

救助を求めることは決して恥ずかしいことではない

　第11節の校内暴力事件のＡ男と援助交際から警察に補導されたＢ子たちの事例を思い出してほしい。Ａ男には登校禁止、Ｂ子たちには出席停止の処分がなされている。Ａ男はそれがきっかけで完全な不登校になったが、Ｂ子たちは立ち直った。Ａ男とＢ子たちの違いはどこから生じているのだろうか。

　両者の違いは明らかにその家族・両親にある。Ａ男は兄弟全員が不登校になっているが、両親は明らかに親機能をもちあわせていなかった。一方、Ｂ子らの両親は援助交際というショックな出来事に驚き、親機能を回復させた。

　児童・生徒の問題行動は、教員の側からは指導の不徹底や教室での管理のまずさが原因と考えられがちだが、学校はどんなに多く見積もっても児童・生徒の生活の３分の１以下にしか関わっていない。３分の２以上が家庭や地域での生活で、まだ発達途上の児童・生徒にはそこからの影響の方がより大きい。

　したがって、教員は児童・生徒の問題行動のすべてを防止することはできないし、すべての責任を負うこともできない。まずその点の気づきが必要だ。逆にいえば、これは教員個人にもいえることだ。教員の生活の３分の２は地域生活者であり、教員自身も発達途上にある。教員はこうした事情を背負いながら教壇に立ち、教師という職業を全うしなくてはならない。

　ここでいいたいのは、教員も生身の人間であり、救助を求める人でもあるということだ。Ｃ子の担任は、相談室に駆け込んで救助を求めた。だが、そうした教員は多くはない。とくに男性の中高年教員には「援助を求めるのは恥ずかしい」と思い込んでいる人が少なくない。援助を求めることは決して恥ずかしいことではない。なぜなら、誰もがいまここでは等しく初心者であるからだ。

紙幅の関係でそろそろ筆を下ろさなくてはならない。ここまで児童・生徒の心身の危機介入・初期対応を95事例から述べてきた。本章では危機後の不適切な言動を防止し、第2の危機を予防するための配慮にも言及している。
　学校はいま、多様な問題に直面し危機に瀕している。不登校や引きこもり、校内暴力、いじめ自殺や売春問題など、学校の解決力が問われている。
　学校が解決しなければならない問題は、多様な症状と反応、多彩な障害・問題という衣をまとって教員の前に立ちはだかる。この構図を理解していないと、学校は適切な危機介入・初期対応ができないばかりか、不適切な対応を選択してしまう可能性がある。問題の原因は1つではないし、答えが見えず現実がただ広がっているだけで、解決を保留する勇気をもたなくてはならない場合もある。
　第2章で吉村も述べているように、何よりも重要なことは家族・学校・医療機関や相談機関などが知恵を合わせるためにコミュニケーションをとり、連携することである。それはいちばん難しいが、いちばん大事な予防策であり未然防止策である。

注

（1）森岡正芳「自傷行為――特集にあたって」、「特集　自傷行為への対応と援助」「臨床心理学」第8巻第4号、金剛出版、2008年、478ページ
（2）松本英夫／傳田健三責任編集『子どもの不安障害と抑うつ』（子どもの心の診療シリーズ）、中山書店、2010年、206ページ
（3）松本俊彦「自傷のアセスメント」、前掲「臨床心理学」第8巻第4号、483―486ページ
（4）同論文

参考文献

斎藤万比古総編著、宮本信也他編『子どもの身体表現性障害と摂食障害』（子どもの心の診療シリーズ）、中山書店、2010年
宮本信也／生田憲正責任編集『子どもの精神病性障害　統合失調症と双極性障害を中心に』中山書店、2010年
佐々木正美編「児童精神医学――臨床の最前線」（別冊・医学の歩み）、医歯薬出版、

2007年
石川瞭子『子どもの性虐待――スクールカウンセラーと教師のための手引き』誠信書房、2005年
石川瞭子『スクールソーシャルワークの実践方法』青弓社、2009年

第4章 忘れられない"出会いとつぶやき"

鈴木恵子

　よだれを垂らしながら車椅子から身を乗り出して必死で話しかけてくる子ども、足でスプーンを挟んで器用に食事をする子ども、床をゴロンゴロンと転がっているだけの子ども──そんな衝撃的な出会いから筆者の養護教諭人生は始まった。肢体不自由児との3年間は、「命とは？」「生きることとは？」「自立とは？」と考えさせられた貴重な3年間だった。そしてそれが、筆者にとっての「教育の原点」になった。

　その後、在籍1,000人以上の大規模校3校、700人ほどの中規模校3校の小・中学校に勤務し、38年が過ぎた。忙しいが、たくさんの子どもたちと関わることができる大規模校が大好きだった。1万人以上の子どもたちとの出会いがあったと思う。子どもたちは欠席・遅刻・早退・体調不良を訴えて来室し、不安定な心を表し、受容されるまで、そして信頼関係ができるまでその行動を続ける。

　また、保健室に来室する子どもたちのなかには頭痛や腹痛・下痢を訴えて何回も来室し、「この子最近、何かあったのだろうか？　何か訴えたいことでもあるのだろうか？」と不審に思っているうちに、保健室登校や不登校に陥るといった事例も決して少なくなかった。念のためにと受診を勧めても「異常なし」と診断されるが、依然として症状は持続する。そこで原因を探ってみると、家庭の過大な要求や期待による自信喪失、虐待、学習活動への不安、友達とのトラブルによる葛藤、いじめなどが明らかになる場合もある。

　保健室はそんな子どもたちのサインに気づき、最初に問題を発見できる場所だ。同時に、最後の砦でありたいという思いで相談活動をおこなってきた。

　そのなかから、「あの子はいまごろどうしているかなぁ」と気になる事例

を紹介する。

1　情緒不安定で、保健室と教室を行き来している: 小学1年A男──事例1

事例の概要

　小学校入学以来、欠席することも保健室に来ることもほとんどなかった。教室では落ち着きがなく、学習面では劣っていたが、休み時間になると友達と中庭で虫取りをしたり走り回ったりして元気に過ごしていた。6年生には大変かわいがられていた。11月中旬頃から、同学年の保健室登校児S男と過ごすことが多くなっていった。

本人を取り巻く環境（父・母・A男）

　父は会社員。口数は少ないが怒ると大変怖く、A男は父の前ではおとなしい。しかし父は勉強をみたり、かわいがっているようだ。発達支援学級の入級への抵抗は強く、通常学級に通わせたいと願っている。

　母は、A男の身の回りの世話はよくしているが、愛情のある接し方に欠け、口やかましく、感情をぶつけることがある。幼児期におとなしかったA男には、母も手をかけてこなかったようだ。食事のしつけは全くしていない。両親とも大変若い。

支援経過

　給食時間以外はずっと保健室でS男と一緒に勉強をして過ごした。S男は能力的にも優れ、A男の面倒をよくみたし、A男はS男を尊敬しているようだった。A男に対する1対1の学習支援ではかなり理解が進み、我慢する力もついてきたが、両親は保健室で過ごすことに否定的だった。2月中旬、保健室登校児が3人となり、お互いに刺激しあって体育などに参加するようになった。3月になり母と面接。1対1で関わることが大切であり、少人数の発達学級の見学を勧めたが、母親は入級を拒否した。

　2年生になって担任と友達が変わると、A男は教室へは行こうとしなくな

った。学級づくりの時期でもあるので、できるだけ教室へ連れていったが、すぐ保健室に戻ってきてしまう。そして教室で大暴れしたり、校外へ出ていくのが目立つようになったので、4月中旬に両親と面接した。そして幼児のようにかわいがること、同年齢の子どもとの交わりをもたせることの意義を説明した。この日以後、母はパートの仕事を辞め、A男と教室で過ごすようになった。しかし、母と一緒であってもA男の心は安定することなく、教室でパニックを起こしたり走り回ったりして、ますます孤立化していった。

　そして、ようやく発達医療センターを受診し、ADHDと診断された。当時はまだ珍しかったリタリンの服用が始まり、徐々に学校生活に適応していった。

2　親切な気持ちが「死ね」という言葉になって：小学6年B子——事例2

事例の概要

　6年生になった5月、不登校傾向のB子の面倒をみていたT子が、「B子さん。休んでばかりいて、黙っていてお話しができないなら、この学校にはいられないんだよ。どこか体の弱い子や話すことのできない子が行く学校へ行ったらどう」と話した。そして、その言葉に反応しないB子に、「そんなんだったら、ここから飛び降りて死んでしまったら」と言った。
「私が死んでしまえば、友達にも迷惑をかけなくてすむ」——そんな気持ちになったB子にとって、学校はますます落ち着かない恐怖の場となり、不登校傾向がひどくなった。

　ときどき保健室登校をするようになったB子は「1年生のときは教室で発表もしていた。しかし、友達にケガをさせられ、教室で泣いてしまった。それから教室でしゃべらなくなり、しゃべらないことで友達にいろいろ言われ、毎日つらかった」と言った。

本人を取り巻く環境（父・母・兄・B子）

　父母は再婚同士。父と兄は会社員で、母は無職。父は酒を飲むと暴れるこ

とがあり、B子と同様、母もオドオドした態度だった。母子とも心配症で、消化器系の不調を訴えることが多い。

支援経過

転任してすぐの頃、B子は休み時間も自分の席から離れることなく、ただじっとしているだけだった。廊下から見るその態度から、「教室は苦痛の場なのだろう」と想像できた。7月の宿泊訓練にはどうしても参加させたいと学校内で一致し、筆者はB子と積極的に関わり始めた。そして、母の学校不信を払拭するように努めた。

（1）母との信頼関係づくり

B子が欠席した日には電話か家庭訪問をし、遅刻・早退でもいいからできるだけ学校へ送り出してほしいこと、保健室登校という形もあることなどを母に働きかけた。そして、毎朝B子の家に顔を出し、母との信頼関係の構築に努めた。

そんな繰り返しのなかで、母は、ほとんど顔を見せることがなかった学校へも来るようになってきた。一貫して母に誠意をもって対応した。母から「先生ごめんね。心配や迷惑ばかりかけて。よその家の子なのに、そんなにしてもらって」との言葉も聞かれるようになった。しかし、B子の不登校傾向は好転しなかった。

（2）B子の心の居場所づくり

オドオドして、か細い声でしか話せないB子にとって、T子の言葉は恐怖以外の何ものでもなかった。B子は、相談機関・適応指導教室・ハートケア制度などを全く受け入れない。そんなB子の心の傷を癒し、少しでも生き生きとした時と場を与えられるのは保健室しかないと考え、保健室登校を積極的に勧めた。そして受容・共感・自己一致を大切にしながらB子と接した。手伝いをしたり、勉強をしたり、ゲームをしたり、友達に声かけをしてもらって教室へ行ったり、保健室で友達と給食を食べたりし、そのなかで何よりもB子に"自己決定させる"ことを大切にした。また、下校時には、その日の頑張りを認めた。

そんな関わりを通して、B子はほんの少しずつ自分の意志を言葉できちん

と伝えるようになった。中学校入学を機にいまの自分を変えたいと望んだB子は、「みんなと一緒の中学校へ行ったら、いじめられていたことがみんなにわかり、また、いじめられてしまう」と言って、隣の中学校へ進学していった。

3 「あんたなんか、生まれてこなきゃよかった」：中学3年C子——事例3

事例の概要

C子は、こんなことを話した。「母や祖母から、あんたなんか生まれてこなきゃよかった。だから2年生の頃より悪いことをいろいろやった」。C子の話を聞いた筆者は「"あんたなんか生まれてこなきゃよかった"という言葉は、たとえ母や祖母であっても言ってはいけない言葉だ」と伝え、自分のことを大切にするように話した。

本人を取り巻く環境（母・兄・C子・弟）

小学6年のとき、父母が離婚し、母方の祖父母宅の近くに転居した。母は会社員で帰りは遅い。兄は祖父母と同居。弟は小学生でおとなしい。C子と祖父母との関わりは少ない。

支援経過

5月中旬頃からC子は外泊し、欠席もするようになってきた。「来なくてもいい。真面目な子の面倒をみる方が楽だから」「施設に入れた方がいいね、他の子への影響もあるから」と口にする関係者もいるなかで、C子は友達を求めて学校へ来ていた。C子は、悪い子にもなりきれず良い子でいることもできず、ますます不安定になっていった。

厚化粧でピアス・ネックレスをして、精いっぱいつっぱって登校するC子は、「私、美容師になりたいよ」と、小さな声で筆者につぶやいた。「先生を信じているよ」と語るC子に対して、「保健室を利用するときは、学年の先生の許可を得る。在室は1時間だけ」と厳しく定められた校内規則のなか

で、十分関わってやることはできなかった。

　児童相談所や警察から家裁・保護観察所の話も出るようになった７月には、学校の教師さえ関わろうとしなくなった。「先生、本当に（悪く）なっちゃうよ」というＣ子の心からの叫びに、救いの手を差し伸べることができず、見守ることしかできなかった。

　学校から離れていったＣ子は、シンナー・タバコ・家出と、その行動がますますエスカレートしていった。「いろんなことを話せる人がいたら、こんなバカなことをしなかっただろうね」と、友達はＣ子を評した。筆者も「もっと早く出会っていたら」と思った。

　９月中旬、母から「Ｃ子をしばらく休ませます」と連絡が入り、学校はＣ子と連絡がとれない状況になった。数日後、「先生、ちょっと来てよ〜、お願いだから」と、Ｃ子から電話が入った。ケンカをしてケガをしたと、筆者に救いを求める電話をかけてきたのだ。勤務時間終了を待って駆けつけると、タバコを吸いながらＣ子が待っていた。「先生、ありがとう」と言ったＣ子の言葉が、いまも筆者の心に残っている。その後、Ｃ子は学校へ姿を見せることもなく、黙って卒業していった。

4　見えにくく解決しにくい「実父からの性的虐待」： 中学３年Ｄ子——事例４

事例の概要

　小学１年のとき、父母が別居し、祖母・母・本人・妹の４人で暮らしていたが、小学５年のときに家を新築し、父母・本人・妹の生活が始まった。転入後の小学校では不登校傾向がみられ、小学６年の夏にはＤ子の家に男子が出入りするようになって、たまり場と化した時期もあった。

　中学校入学後も不登校傾向がみられ、３年間のほとんどを保健室や別室で過ごした。また、異性に対する関心が高く、携帯電話にまつわる問題行動も多くみられた。そのような状況のなか、父からの性的虐待の訴えを早期にキャッチし、校内だけでなく外部機関との連携を図りながら対応したが、うやむやのまま終結してしまった。

本人を取り巻く環境（父・母・D子・妹）

　父母とも帰宅は大変遅く、夜もほとんど子どもたちだけで過ごしている。家のなかは乱雑で、食生活も乱れている。近所付き合いはなく、家の外観にも生活の臭いは感じられない。夫婦仲は悪く、養育態度も一致しておらず、父は厳格であり、母は放任である。家族で外出することはないが、D子は母と一緒にいることに喜びを感じていた。
　D子は中学生とは思えない性的な仕草をするときがある。若い男性職員には積極的に関わるが、友達は極めて少ない。能力は普通と思われるが、授業にほとんど出ていないので、小学5、6年の学力である。国語が得意で、表現力も豊かである。音楽も得意で、歌手になる夢を語ることもあった。「気持ちが悪い、頭が痛い、お腹が痛い」と訴えて欠席したり、遅刻・早退・保健室来室が多く、給食を食べることはほとんどなかった。

支援経過

（1）1年生
　入学当初から体調不良で欠席がちだった。遅刻で登校しても保健室や別室で過ごすことが多く、授業参加は少ない。D子と「できるだけ休まない」「好きな教科の授業には参加する」と目標を立てた。カウンセリングでは父母に対する思いをたくさん話し、母の浮気についても話した。
　保健室で書く作文には、週末の生活ぶりや年上の男性に対する思い、父と一緒に入浴し、一緒に寝ていることが書かれていた。カウンセリングを適宜設定し、校内で情報を共有しながら支援したが、やがて昼夜逆転の生活になり、顔色が悪く無気力な状態で2年生に進級した。

（2）2年生
　D子好みの若い男性教師が担任となる。遅刻で登校するD子のために別室の黒板に担任からのメッセージを書いておき、早期の関係づくりを図った。生活記録や担任への手紙に家の様子や父との関係が書かれるようになり、カウンセラーからは「D子のペースになりすぎないよう、深入りを避けて継続すること」と指導を受けた。
　D子は「父が胸に触ったりキスしたりする」と担任に話し、担任にもべ

ベタベタくっついているようになった。この時期「記録を取り、児童相談所へ連絡するのも一方法である」と、カウンセラーから指導を受けた。

筆者は「お父さんに一度会いたいな」と声かけをしたが、実現せずに2学期になった。母は朝帰りで、D子は香水の匂いが強い。「メールで知り合った年上の男性に、D子が裸の写メールを送り、会うことになった。私も誘われて困っている」と友達から情報が入る。

ただちに家庭訪問をし、児童相談所・サポートセンターへ連絡した。交番にも連絡し、家の様子をみてくれるよう依頼した。電話作戦と家庭訪問、そして交番が動いたことで、父母も少しずつ協力するようになったが、うまくいかなかった。

「人付き合いがなく養育能力もない家庭だから、警察の力も借りて交替で家の様子をみることが大切」と、再度カウンセラーから指導を受ける。久しぶりに登校したD子が「父は2人になると怖い。怒ると針金みたいな物でたたく」と話す。来年度に向けて、①高卒の資格を取ろう、②休まずに別室登校をしよう、③友達に感謝し友達を大切にしよう、と3つの目標を立てた。

（3）3年生

こまめに家庭訪問をする男性教師が担任となる。4月早々、母も一緒に担任と面接。授業にも少し参加し始め、学習支援を喜ぶようになった。しかし、カウンセリングでは「父が胸に触る、パンツのなかに手を入れる、ベッドのなかに入ってくる。母に訴えても「やめなよ〜」と父に言うだけ」と話した。その頃から「家に帰りたくない」と深夜徘徊が始まり、7月になって児童相談所が介入することになる。

9月になっても父の行為は相変わらず続き、児童相談所からの呼び出しにも応じないため、児童相談所職員との面接を学校で実施することになった。父は自分の行為をコミュニケーションと捉えていた。児童相談所職員と両親はD子を一時保護することを検討したが、家から離れることをD子が拒否したため、しばらく様子をみることになった。父もブレーキが利くようになり、面接はいったん中止となる。

その後もD子は学習意欲がなく、昼夜逆転の生活を続けていたが、祖母の家から定時制高校に進学した。その後、妊娠・退学・出産という噂を耳にしたとき、筆者は、3年間にわたる学校と児童相談所の対応は本当に適切だ

ったのかと考えさせられた。

5　大好きなU子に対し、執拗に異常な行動をする: 小学6年E男——事例5

事例の概要

　E男の幼少期に父が自殺した。年齢の近い兄弟3人を抱えた母は、余裕もなく子育てをしてきた。E男にとって父の自殺は心の大きな傷となり、人間不信にもつながっていた。

　小学3年の視力検査で「見えない」と訴えたE男は、「心因性の視力低下」と診断され、通院するようになった。このことをきっかけに母がときどき保健室に顔を出し、話し込んでいくようになった。兄弟3人はいつも落ち着きがなく、いたずら盛りの様子を毎回話していた。しかし、母は真剣に悩むこともなくさらりとしていた。

　小学6年の2学期から、E男の教室内でのいたずらが頻繁になってしばしば注意されるようになり、同時に母の担任批判が激しくなった。さらにE男は、大好きなU子に対して異常な行動を執拗にとるようになっていった。そこで、他の子どもを守るために小学校としては珍しい緊急対応をとり、最悪の事態を免れた事例である。

本人を取り巻く環境（母・E男・弟・弟）

　母はパート勤務。口やかましい子育てだったが、忘れ物を届け、病院への通院など、子どもの世話は一生懸命やっていた。気性は激しく、被害者意識が強かった。近くに父方の祖母が住んでいた。E男と祖母との関係は深く、祖母はE男にとって良い意味でも悪い意味でも心の居場所だった。運動が好きなE男には友達がたくさんいたが、落ち着きがないため、学習面では遅れがみられた。また虚言もあり、怒られる原因にもなっていた。

支援経過

（1）×年10月

「いまは、家では大変落ち着いていて薬も飲んでいない。いじめられているのに何でもE男がやったことになる」と不満を言う母。しかし、E男は教室で担任にチョークを投げ、掲示物を破ったり、U子を泣かし、画鋲を投げつけ、バケツのなかへ体操服を突っ込んだりする。そして、しばしばハサミやナイフを触っているようになり、保健室で過ごす時間が増えた。

医師からは「落ち着きがなく、いやなことは避け、努力をしない子。いじめられても耐える力と規律などの枠を教えることが必要」と指導を受け、再び薬を飲み始める。

（2）×年11月

修学旅行では、女子用の小物をたくさん買って女子にプレゼントし、うれしそうな顔をみせたが、U子の部屋付近を歩き回り、「隣のビルからライフルを持った男がこっちを狙っている。バーンと鳴った。怖い怖い」と話した。殴る、蹴る、叩く、靴をビチョビチョに濡らしてしまうなど、U子への執拗な行動は増加した。出席停止措置も考慮に入れて、授業中の複数指導が開始された。だが「ぶっ殺してやる」とU子に暴言を吐いたり、教師の目を盗んで石や黒板消しを投げたりした。一方で、保健室へ避難したU子の様子を見にきた。

（3）×年12月

学級は、E男に同調する子や暴力が怖くて従う子がいて、混乱状態になった。参観会ではE男の処遇が話題になり、数日後にU子の両親が来校して対応の遅さに不満をもらした。

その後、E男は学年主任の学級に所属することになった。その際、涙をためて「お前のせいだ」と担任を攻撃した。そしてU子のランドセルをトイレに隠し、教科書を便器のなかへ入れるなどの行動をした。しかし、保健室では嘘をつくこともなくなり、素直に話すようになっていた。

（4）×年1月

休み時間には元の学級のあたりをふらつき、朝の会、帰りの会、体育、給食のときだけ学年主任の学級へ行った。それ以外は保健室で過ごし、下級生の面倒をみたり手伝いをするなど、低学年の教師から褒められるようになった。しかし、U子を待ち伏せすることもあった。

大好きな体育は学年・学級にとらわれず参加した。「E君変わったね」と

言ってくれる人も増え、「迷惑をかけない。学級の約束を守る。嘘をつかない」などの約束をして、2月からは友達のV君がいる教室に戻った。E男の目には涙が溢れていた。

（5）×年2月

医師から「保健室登校がよかった。いい芽が出てきた。この芽を伸ばしてやるのが教育です。お母さんも、先生を信頼しています」と言われた。母からも「卒業式は、元の学級でなく、学年主任の学級かV君の学級で参加させたい」と申し出があった。母も大変協力的になり、V君やその友達に支えられながら、E男は新しい学級に適応していった。

しかし、U子や元の学級への執着は変わらず、休み時間には教師が6年の廊下に立つようになった。E男は「元の学級へ行ったらいけないと言われることがつらい」とこぼした。

（6）×年3月

U子の欠席が増え、元の学級の参観会・懇談会でE男の処遇が再度話題になった。医師からは「あと1ヵ月。何とか乗り越えさせたい」と言われ、E男とU子の保護者を交えての話し合いがおこなわれた。だが解決策もないまま、E男の行動を見張り、U子を守るしかなかった。そして、E男は不安をいっぱい抱えたまま卒業していった。

6　「お前らは、何もわかっていないくせに！」：中学3年F男——事例6

事例の概要

小学生の頃から暴れん坊のF男だったが、中学校では運動部に所属して活躍もしていた。体格が大きくて腕力があり、ときどきカッとなって暴れたが、周りの生徒は優しい面を併せ持つF男とじょうずに付き合うことができきた。

2年生の夏休み頃から、他校の中学生と遊ぶようになり、問題行動が増えていった。そして10月、全く参加しなくなっていた部活動の試合会場に突然顔を出し、顧問から帰宅を促された。F男と母にとって、それは排除とし

か思えず、顧問と学校に強く反発するようになった。不登校傾向になったF男は夜遊びが激しくなり、遅刻でときどき登校しても教室でおとなしく過ごすことができず、保健室で過ごす時間が多くなった。また、教師や上級生へ暴力を振るうこともあり、その対応で学校中が振り回された。

本人を取り巻く環境（母・姉・F男・祖母）

実父とは死別。その後、母が一緒に暮らすようになった男性は母に暴力を振るうことがあり、幼いF男は、泣いている母を優しく守るようになった。その男性とも別れ、祖母と同居したものの、母は再び新しい男性と付き合い始めた。母はパート勤務で、感情的になることもあるが、子どもへの愛情は豊かである。F男の姉が一時不登校傾向になり、その支援で関わったことからF男の母と筆者は関係性ができていた。祖母は厳格で、中学生時代の母はかなり反抗したようだ。

支援経過

（1）1年生

7月、F男はカッとなって暴れたが、教師に制止されて落ち着くと「母さんに心配をかけてしまった。死んでやる、いつもみんなに迷惑をかけている」と、泣きじゃくりながら呟いた。

10月には「手が痛い」と訴えて来室した。聞くと、壁を殴って痛めたという。その頃から外科的な痛みを訴えてたびたび来室し、筆者に話を聞いてもらうと安心していた。

（2）2年生

6月、部活動顧問に怒りをぶつける。そして「母が男性と一緒に暮らすために引っ越すかもしれない」と話した。夏休み後、他校の中学生や卒業生とのつながりが強くなり、学校から徐々に離れていった。「大人を信頼することができない。自信がないから期待されるのはいや。姉はずるい。母は大好き。母を守らなくては」——そんな気持ちを話した。

母はたびたび男性の元へ出かけ、F男は不安定になった。携帯番号を筆者に教え、「茶髪にした。もう学校へは行かない」と知らせてくる。母の代わりを求めていたのだろうか。夕方になると友達と遊びに出かけ、朝帰りをし

て昼夜逆転の生活になった。何か話したいことがあると、F男は私服で保健室に現れ、ボソボソと胸の内を話した。

　留守がちな母がF男に説教じみたことを言うと、「大人は俺の気持ちをわかってくれない、いまの仲間だけが俺の気持ちをわかってくれる」と怒りをぶつけるようになった。タバコを吸いながら登校して教師に指導され、教師に手を出した。当然、学校から指導がはいり、母はやっとF男への対応を始めた。しかし、F男は家でも暴れるようになり、女子との関係で孤独な気持ちを癒すようになった。筆者は3年生に向けて学校生活への適応を促し、部活動顧問とも話し合ったところ、F男は「いままでは悪い道にいた、いまは良い道との境にいる」と言った。

（3）3年生

　母は、昼夜逆転だが落ち着いているF男に真剣に向き合い、とことん付き合う気持ちになっていた。しかし、ときどき暴れるF男に怖さを感じているのも事実だった。そうしたなかで、修学旅行を無事に終えることができた。

　5月に先輩との付き合いが深まったが、F男は先輩からの脅しに不安を抱いて、イライラを募らせ、たまに登校しても自分勝手な行動をするようになり、器物破損の問題行動も起こした。だが一方で、先輩との縁を切りたいと切実に思うようになり、外出もしなくなった。しかし、9月には女子を家に連れてくることが多くなり、姉は「また、元に戻った。もういや！」と嘆いた。それでも、友達に支えられながら授業へも参加するようになり、体育大会にも参加した。

　だが、10月になると「みんなと一緒にやれるか不安、みんなに迷惑をかけてはいけない」という気持ちが強くなり、教室にいる時間が減り、遅刻・早退、そして保健室・別室で過ごす時間が増えた。「人を愛すること、愛されることができない。死ぬのが怖い、目が覚めたら誰もいないなんて……」と口にする。そして教師に暴力を振るい、「この3ヵ月、どんなにか苦しかったか！」と母に怒りをぶつけた。

　F男は「もう一人の自分がいて、どうしようもないときがある。そして、何かしでかし、つらい思いをする」と話す。悪友との関係を断ち切りたいという思いは強くなったが、相変わらず家で大暴れすることもあった。その頃

は「就職したい」「高卒の資格だけは取りたい」と前向きになることもあり、就労体験を希望したので、2月に就労体験を実施した。だが続かず、「縛られる生活はいやだ」と自分の気持ちを話し、不安と心配で「死にたい」ともらした。

　そして3月のある日、登校したF男は「こんな子どもをもった親の気持ちがわかるか、お前らは、子どもの気持ちなんて何もわかっていない」と教師たちに自分の気持ちをぶつけた。そんなF男を泣きながら母は後ろから見ていた。落ち着きを取り戻したF男はスッキリした表情で母と帰宅し、数日後、校長室でたった一人の卒業式をして巣立っていった。

まとめ

　たくさんの子どもとの出会いがあったからこそ、お節介な筆者はたくさんの子どもと関わり、たくさんの引き出しをもらうことができた。それが、保健室での相談活動を進めていくうえで大きな財産になった。そして、子どもを理解することの難しさも感じてきた。と同時に、「どうせ自分なんて」と呟く子や自分の体を傷つける子など、心の健康度が低い子どもたち、ストレスがあると挫折してしまう、回復力（レジリエンス）が乏しい子どもたちのことも気になった。そこで、集団への働きかけはトラクターで、個への働きかけは鍬で子どもたちの心を耕し、どの子も自己肯定感をもち柔軟性・回復力のある心の強さを育てたいと考えた。そんな取り組みを2つ紹介したい。

ピア・サポート・プログラムでリーダー養成

　社会性が未熟・未発達で対人関係が苦手な子どもたちをいちばん理解し、いちばん心を痛めてきた筆者は、子どもが他者と関わり合うことで育つ場を学校内に作り出し「自己有用感」を獲得していく「日本のピア・サポート・プログラム」に取り組みたいと考えた。

　そこで、学校のリーダーとして期待されている生徒会役員、専門委員会の正副委員長、学級の正副委員長、部活動の正副部長を対象に、夏休みと春休みに半日ずつ、社会的スキルのトレーニングを実施した。

簡単なウォーミング・アップ後に「知り合うために」「協力するために」「気持ちや感情」「聞き方・伝え方」「人間関係づくり」「普段の生活のなかで」などの主活動を実施し、振り返りをおこなうことで、他者と関わるためのスキルの気づきを促した。
　また、どんな学校にしたいか、どんな学級にしたいか、どんな部活動にしたいかなど、ブレインストーミングを使って掲示物にまとめる活動もおこなった。
　そして、それらを教師が認め、いろいろな場でリーダーとしての役割を与えて、声かけをすることで「自己有用感」を育て、リーダー養成を目指した。
　このような「領域Ⅰ」のトレーニング部分を「領域Ⅱ」の「お世話をする活動（他の人の役に立つ体験）」につなげ、教育課程に位置づけて全校で取り組むことが「日本のピア・サポート・プログラム」の最終目的だが、そこまでには至らなかった。
　しかし、リーダーが育ってきたという評価は得ることができ、「健全な子どもをより健全に」という予防教育の視点に立つ学校づくりにはふさわしいものだった。

毎月16日は「こころの日」

　中学校校区で、岐阜大学の近藤真庸教授から「命の大切さ」についての講演を聞いたことをきっかけに、5（こ）＋5（こ）＋6（ろ）の16日を命と心に向き合う「心の日」とし、ワークシート、本の読み聞かせ、新聞記事からの伝えたい話などを学校放送を通して実施した（表1）。
　始業前のほんの15分の取り組みだが、各教室では、朝の会や道徳の時間などに内容を深め、根っこを育てる実践となった。
　たとえば、「どんな心をもちたいか？」という問いに「優しい心、思いやる心」と答えていた生徒たちが、実践4年目には「我慢する心、やり抜く心も大切」と気づき始め、心の強さやたくましさに対する意識の高まりが感じられるようになってきた。
　この実践は近隣の小・中学校を含め、20校以上での取り組みへと広がっていった。

表2 「心の日」の内容

月	内容	形式
4月	心の中に大人を住まわせる	語りかけとワーク
5月	14歳からの哲学「友情と愛情」	読み聞かせ
6月	心と心を結ぶ感謝の伝え方	語りかけとアンケート
7月	みんなの命は「奇跡の命」	語りかけ
9月	元気が出る魔法の口ぐせ	読み聞かせ
	心のチェックと自分のことチェック	ワーク
10月	友達とはなんぞや	語りかけと読み聞かせ
11月	強い心って何だろう？	語りかけと読み聞かせ
12月	せめぎあって折り合ってお互いさま	語りかけ
1月	20の私、ソーシャル・アセット	ワーク
2月	見て見ぬふりしていませんか？	語りかけ
3月	僕を支えた母の言葉	読み聞かせ

「学校大好き！　子ども大好き！」の筆者にとって、子どもたちに軸足を置いた38年という養護教諭人生は、充実感と反省に満ちていた。そして「心にたくさんの大人を住まわせよう！」という近藤教授の子どもへのメッセージを受けて、「何人の子どもの心に住まわせてもらっただろうか？」と自問自答するこの頃である。

あとがき

吉村仁志

　学校は児童・生徒の心身の発育が劇的に起こる現場であり、めまぐるしく変化する社会状況が如実に反映されるところでもある。恩師石川瞭子先生から「児童・生徒の心と体の危機管理」と題し、予防的側面を重視して、すぐ明日から役に立つ問題解決重視の本を出したいので「体の危機管理」の担当を、とのお話があったとき、はたして読者のニーズに応えられるような内容が書けるかどうか正直不安だった。そこで思い立ったのは、実際に当地沖縄県の小・中・高の養護教諭の先生方に直に接して現場のニーズを肌で感じながら、自分自身が同僚や研修医とこれまでに病院で体験し、学校現場との連携が必要であったケースを振り返ってみることだった。そのなかで、学校関係者が児童・生徒の心と体の問題にどれほど真摯に取り組み、悩み、医療機関との連携を必要としているかが痛いほど伝わってきた。さらに、本書の第1章、第3章、第4章に石川・鈴木によって深く掘り下げられた児童・生徒の心の問題は、昨今非常に複雑化するとともに体の問題にも強く影響し、心身一体の危機管理が予防を中心に実践されなければならなくなったことを以前にも増して密接に感じることとなった。

　本書の執筆にあたり、現場の情報や事例を通した研修会の資料、また日々の児童・生徒の保健と安全確保に情熱を燃やす姿を通して元気をいただいた宮里慶子（沖縄市立美里小学校）、洲鎌美智子（浦添市立沢岻小学校）、仲眞利香子（北谷町立北谷小学校）、田場節子（うるま市与勝第二中学校）養護教諭の各氏、事例とその対応の統計などの資料を快く提供いただいた翁長由紀子（那覇市立那覇中学校）、宮城利枝子、比嘉紀三子（沖縄県立那覇国際高等学校）養護教諭の各氏に深謝申し上げる。またそれぞれの事例で専門家の立場からご教示をいただいた沖縄県立南部医療センター・こども医療センター院長の我那覇仁、中矢代真美小児循環器科部長、大府正治小児神経科部長、高桑聖小児内分泌科部長、金城僚小児外科部長、長嶺知明脳神経外科副部長、粟国敦男小児整形外科部長、新城光宏眼科部長、診療を共にしながら本書執筆に有益な助言を与えてくれた小児腎臓科同僚医師の喜瀬智郎、譜久

山滋、上原正嗣の各氏に厚くお礼を申し上げる。さらに、青弓社の矢野恵二氏には、辛抱強く適切に筆者らの至らぬところにきめ細かいアドバイスをいただいた。彼なしには本書の完成はなかっただろう。心から深謝したい。本書が学校・医療・福祉・行政のさらなる連携を深め、子どもたちの健康増進の一助となれば幸いである。

［著者略歴］
鈴木恵子（すずき けいこ）
中級教育カウンセラー
小・中学校の養護教諭として勤務した後、現在、聖隷クリストファー大学学生相談室相談員、静岡県教育委員会スクールヘルスリーダー

［編著者略歴］
石川瞭子（いしかわ りょうこ）
日本社会事業大学社会福祉学研究科後期博士課程修了。博士（社会福祉学）、認定臨床心理士
現在、聖隷クリストファー大学社会福祉学部こども教育福祉学科教授
著書に『不登校から脱出する方法』（青弓社）、『子どもの性虐待』（誠信書房）、編著書に『スクールソーシャルワークの実践方法』『不登校を解決する条件』（ともに青弓社）、『性虐待をふせぐ』（誠信書房）、『性虐待の未然防止』（至文堂）、共著に『精神保健学』（中央法規出版）、『「現場」のちから』（誠信書房）ほか

吉村仁志（よしむら ひろし）
九州大学卒業、沖縄県立中部病院（ハワイ大学卒後臨床研修事業）で卒後研修、南カリフォルニア大学ロサンゼルス小児病院で小児腎臓病学クリニカルフェロー、イギリス・ダンディー大学医学教育センター医学教育学修士課程修了、岐阜大学大学院医学教育学博士課程在学中。小児科専門医、小児腎臓病専門医
現在、沖縄県立南部医療センター・こども医療センター小児腎臓科部長・臨床研修センター長
監訳に『WM臨床研修サバイバルガイド 小児科』『ワシントン小児科マニュアル』（ともにメディカル・サイエンス・インターナショナル）、共著に『小児腎臓病学』（診断と治療社）、『日本の医学教育の挑戦』（篠原出版新社、近刊）ほか

児童・生徒の心と体の危機管理

発行	2012年7月15日　第1刷
定価	2000円＋税
編著者	石川瞭子／吉村仁志
発行者	矢野恵二
発行所	株式会社青弓社
	〒101-0061 東京都千代田区三崎町3-3-4
	電話 03-3265-8548（代）
	http://www.seikyusha.co.jp
印刷所	厚徳社
製本所	厚徳社

©2012
ISBN978-4-7872-3343-1 C0036

石川瞭子／門田光司／水野善親／佐藤量子 ほか
スクールソーシャルワークの実践方法

不登校やいじめ、拒食、児童買春、薬物汚染など荒廃し難問が山積している学校現場で、地域の他職種や多機関とも連携して、社会資源も活用しながら支援する具体的な方法を、実例をもとに実践者や研究者が提言する。　2000円＋税

石川瞭子／西岡弥生／佐藤量子／辻 孝弘 ほか
不登校を解決する条件
中・高生を中心に

もう一度学校に行きたい！　再登校するために親はどのように対処すればいいのか。15歳から20歳までの不登校の多くの事例を振り返り、子どもたちの不登校の特徴とそれに対する援助の方法、解決の条件を提示する。　1600円＋税

石川良子
ひきこもりの〈ゴール〉
「就労」でもなく「対人関係」でもなく

多くの批判にさらされ、「回復」へと駆り立てられるひきこもりの〈当事者〉たちが抱く不安や焦燥を聞き取り調査から描き、必要なのはむやみに回復をめざさせるのではなく、彼／彼女らを理解することだと主張する。　1600円＋税

崎山治男／伊藤智樹／佐藤 恵／三井さよ ほか
〈支援〉の社会学
現場に向き合う思考

犯罪被害者、被災者、障害者など困難を抱える当事者とそれを支える人々の経験は、どのようにすくい取れるのか。それぞれの現場に向き合い、制度から排除される人々に寄り添うことがいかに重要かを明示する。　2800円＋税

斉藤智弘
臨床心理士になる方法

カウンセリングの需要が高まっている。臨床心理士専門予備校を主宰する著者が、仕事の内容、専門性について、指定大学院に合格するための勉強法、資格試験の概要、就職の仕方などを具体的に解説する職業ガイド。　1600円＋税